好妈妈不打不骂养育男孩

王彩虹◎编著

民主与建设出版社

·北京·

图书在版编目（CIP）数据

好妈妈不打不骂养育男孩/王彩虹编著．—北京：
民主与建设出版社，2019.8
ISBN 978-7-5139-2598-3

Ⅰ.①好… Ⅱ.①王… Ⅲ.①男性-家庭教育 Ⅳ.①G78

中国版本图书馆CIP数据核字（2019）第169181号

好妈妈不打不骂养育男孩
HAO MAMA BUDA BUMA YANGYU NANHAI

出 版 人	李声笑
编　　著	王彩虹
责任编辑	刘　艳
封面设计	周　飞
出版发行	民主与建设出版社有限责任公司
电　　话	（010）59417747 59419778
社　　址	北京市海淀区西三环中路10号望海楼E座7层
邮　　编	100142
印　　刷	三河市金轩印务有限公司
版　　次	2019年8月第1版
印　　次	2019年8月第1次印刷
开　　本	880毫米×1230毫米　1/32
印　　张	6
字　　数	100千字
书　　号	ISBN 978-7-5139-2598-3
定　　价	32.00元

注：如有印、装质量问题，请与出版社联系。

前言

说起男孩的特征，给人的印象是好动、顽皮、胆子大、好奇心强，甚至有点野气。正是因为男孩的这些特征，使他们从出生起，就与女孩存在着差异。比如对外界刺激的反应强度大，喜欢做一些冒险的行动，说话声音大，办事毛躁等。

此外，有研究发现，男孩的活动量也明显多于女孩，甚至躺在摇篮里蹬腿都比女孩有劲一些。在雄性激素的作用下，促使许多男孩具有挑战性与攻击性。他们不喜欢受到过多的约束与限制，总想着战胜他人，考验自我，向激情挑战。这是因为，男孩的血液里流淌着许多活跃的因子，促使他们敢于拼搏、勇于突破。

当然，这些因子仅仅是男孩们与生俱来的生理因素。要想教出一个优秀、成功的男孩子，还需要依靠父母、老师等人尤其是与男孩的成长最为密切的妈妈的后天培养。一个好妈妈如果能够给予男孩足够的爱，那么，这个男孩就会更容易感受到这个世界的温暖；如果一个好妈妈能够给予男孩正确的教导，那么，这个男孩在以后的人生道路上会得到更多的精神财富……

我们知道，一个真正的男子汉不仅要具有强健的体魄，还需具有自强不息的精神、乐观向上的性格、思维敏捷的头脑等。因此，在男孩从无助的婴儿成长为强壮的少年这一过程中，做妈妈的必须不断地调整自己的养育方式。首先，你是妈妈，要一直监督他的成长。当孩子开始上学后，妈妈更是老师，要辅导他的学习，监督他并为他制定规则。当孩子走上自己的人生道路时，妈妈还要成为孩子的顾问和朋友。

《好妈妈不打不骂养育男孩》共分十章，本书认为，多给男孩一些鼓励，就可以让男孩多一份勇气；多让男孩懂得独立，就会让男孩多一种力量；多让男孩学会表达，就会让男孩更善于交际。

本书指出，对于男孩，好妈妈要尽可能地欣赏他们，要敢于把重担交给他们，更重要的是要多给他一些鼓励。此外，作为一个好妈妈，还应告诉男孩勇于承担责任。这是因为，责任感是男人最重要的品质，一个缺乏责任感的男人不但缺乏前进的动力，难以成就一番事业，也难以获得别人的重视和尊重。

作为一个好妈妈，也许你不能给孩子俊朗的外表，不能给孩子富裕的生活，但你可以给孩子一把成功的钥匙，把他们培养成真正的男子汉！如果你能够多给男孩一些鼓励，让他懂得独立，敢于承担责任，教会他人际交往的技能，熏陶他好的性格，培养他好的习惯，让他爱上学习，让他的心中充满爱，那你就是给了孩子一个美好的人生。

目录

第一章 用赏识的眼光培养有担当的男孩

对于男孩子，好妈妈要尽可能地欣赏他们，要敢于把重担交给他们。更重要的是要多给他们一些鼓励。男孩子点滴的努力，微小的进步，不太明显的优点，不大起眼的长处，都需要做妈妈的有足够的注意和重视。捕捉赏识男孩的每一个时机，用恰当的语言和方式鼓励男孩，是每一位“望子成龙”的母亲的必修课。

让男孩在犯错中成长 / 002
越“淘气”的男孩越聪明 / 004
妈妈的肯定，让孩子更好地成长 / 007
男孩天生就是“冒险王”/ 010
每个男孩都有英雄情结 / 012
不要嘲笑孩子的最初理想 / 015

第二章　学会“狠心”，让男孩懂得自立自强

独立，是现代人必备的素质，是健全人格的重要构成，是一个男孩子能够立足于社会，发挥其潜力的基础。在现代社会中，一个男孩子如果具有独立的意识与能力，就能富有理想，最大限度地实现自我价值。

放手给男孩成长的机会 / 018
自己的事情自己负责 / 020
从小培养男孩的独立性 / 023
培养男孩的自立能力 / 026
做一个有主见的男子汉 / 028
从哪里跌倒就从哪里爬起来 / 030

第三章　尊重别人，才能得到别人的尊重

人际交往是每个人生存与发展的基本技能。对于成长中的男孩子来说，早期的交往技能会深深地影响其未来的人际关系，甚至将来的成功与失败。对此，教育专家认为，这是发展交往能力的关键时期，好妈妈要从这个时候起就开始培养孩子的交往能力。

嘴甜的孩子，运气都不会差 / 034
走出生活圈，广交好朋友 / 036
让男孩多参加一些集体活动 / 039
在合作中锻炼孩子，提高交往能力 / 042
先尊重别人才能得到别人的尊重 / 046
学会倾听，赢得尊重 / 049

第四章　爱上学习，其实是件很快乐的事

学习可以改变孩子一生的命运，但学习是件很枯躁的事情，一时的学习热情在漫长的学习生涯中会慢慢消散，并产生厌烦心理。但如果能让孩子在学习中找到兴趣，让孩子在愉快的氛围中收获知识，那么，孩子就会把学习当成是一件非常快乐的事情。所以，好妈妈应该在培养孩子的学习兴趣上多下些功夫。

激发男孩学习的求知欲 / 054
活到老学到老，学习是一辈子的事 / 057
要正面回答孩子的提问 / 060
课外读物让孩子爱上阅读 / 063
寓教于乐，让孩子在玩乐中成长 / 067
为男孩插上一双想象的翅膀 / 069

第五章　自己的错自己担，培养男孩的责任感

责任感是男孩子最重要的品质，一个缺乏责任感的男孩子不但难以获得别人的重视和尊重，更难以成就一番事业。所以，好妈妈应当告诉男孩子从小就学会担当责任。做一个敢于认错，说话算数，不断自我反省的好男孩。

从小培养男孩的责任心 / 074
自己犯错就要学会勇于承担 / 076
说话算话才是男子汉 / 079
有担当的男孩最有出息 / 082
给孩子提供机会，让他慢慢长大 / 085

孩子的事情让他自己做主 / 088

第六章　你的性格，决定了你的世界

爱因斯坦曾说过："优秀的性格和钢铁的意志，比智慧和博学更重要。"可见，拥有好的性格对一个人来说是相当重要的。相信家有男孩子的妈妈，无不希望自己的孩子有良好的性格，成为快乐、自信和备受欢迎的人。但是，优秀的性格不会自动在孩子身上出现，需要做妈妈的精心培养和长期熏陶。

乐观豁达的男孩更自信 / 092
男孩就要有冒险精神 / 094
让男孩拥有坚强的意志 / 098
帮男孩克服胆小、恐惧的心理 / 101
帮助男孩学会控制情绪 / 105
溺爱不是爱而是另一种伤害 / 109
教孩子保持一颗善良的心 / 112

第七章　好习惯成就好人生

一位著名的教育家曾经说过："一个人的好习惯就像在银行里存了一大笔款，它的利息将使人终生受益；一个人的坏习惯，就像欠了别人一笔高利贷，怎么还也还不清，将使人终生受害，甚至逼人走向歧途！"所以，好妈妈让男孩子养成一个好习惯，就是给了他一笔巨大的财富。

自律的男孩更懂规矩 / 116
诚实守信是男孩的立身之本 / 118

勤奋的孩子拥有更多选择 / 121
珍惜时间就是珍惜生命 / 124
热爱运动的男孩更阳光 / 127

第八章 要当财富的主人，不做金钱的奴隶

从小培养男孩对金钱的认识是非常重要的，大人不要以为孩子小就不理解金钱，男孩都是充满好奇心的。儿童心理学家指出：小孩子对金钱的兴趣可以说是与生俱来的，早期的金钱教育对儿童树立一个正确积极的金钱观，形成良好的理财习惯与技巧有着不可估量的潜在作用。

从小灌输男孩的理财能力 / 132
节俭是男孩必备的素养 / 135
培养男孩正确的消费观 / 138
不要把金钱当利诱的工具 / 140
要当财富的主人，不做金钱的奴隶 / 142

第九章 良好的心态，源于生活的修养

对一个男孩来说，他将来是否能有一番成就，不在于他认识多少字，也不在于他考多少个100分，而在于他能否有积极健康的心态。比如，积极进取的心态、感恩的心态、分享的心态、谦虚的心态等。这才是一个健康的男孩应该具备的良好心态，有了这些心态的男孩才能更好地适应社会。

宽容是男孩应有的教养 / 146
分享是一件让人快乐的事 / 149
让男孩拥有一颗感恩的心 / 152

从小教男孩以谦虚为美德 / 155
大声告诉自己："我能行！" / 158
不要轻易否定自己 / 160

第十章　会说话，不如教导男孩好好说话

古人云："一言可以兴邦，一言可以丧邦。""一言之辩，重于九鼎之言；三寸之舌，强于百万之师。"当今社会，口才的重要性不言而喻。语言使嘴巴的功能早已超越其生理功能，它是人们心智的表现，是表达思想的直接工具。说话的能力，从古至今受到人们的重视。因此，妈妈要注重锻炼男孩的口才。

给男孩一个介绍自己的机会 / 164
表达能力需要从小培养 / 166
礼貌用语是沟通的桥梁 / 168
小绅士的教养不可丢 / 171
鼓励男孩把握课堂发言机会 / 173
有幽默感的男孩最讨人喜欢 / 176
教会男孩说"不" / 178

第一章

用赏识的眼光培养有担当的男孩

对于男孩子，好妈妈要尽可能地欣赏他们，要敢于把重担交给他们。更重要的是要多给他们一些鼓励。男孩子点滴的努力，微小的进步，不太明显的优点，不大起眼的长处，都需要做妈妈的有足够的注意和重视。捕捉赏识男孩的每一个时机，用恰当的语言和方式鼓励男孩，是每一位望子成龙的母亲的必修课。

让男孩在犯错中成长

每个男孩都免不了会犯这样那样的错误，而孩子正是在不断犯错误、纠正错误的过程中成长起来的。所以说，重要的问题不在于孩子是否犯错误，而在于妈妈是否善于在孩子的错误中发现优点，用赏识的态度去教育孩子纠正错误。

男孩好动，犯错的机会比较多。当他犯了错时，妈妈有必要教育他改正错误。在教育的过程中，不少妈妈总爱责备孩子，可是并没有见到效果。因为不当的责骂以及动粗、体罚或其他威吓等处罚方式，不仅会在不知不觉中伤害孩子，甚至有可能激起孩子的逆反心理。

一个好妈妈如果善于从孩子所犯的错误中找到隐藏的优点，然后赏识孩子，不仅可以让孩子充分认识错误，而且还会继续保持这个优点，从而养成良好的改错习惯。

公交站台上，一对母子正在等车。

一阵大风把妈妈的围巾撩了起来，妈妈想用手按住围巾，可是手里还提着皮包，非常不方便。看到这个情形，小男孩主动对妈妈说："妈妈，我帮你拿包吧。"妈妈犹豫了一下，还是把皮包递给了小男孩，然后整理她的围巾。

没想到风更大了，小男孩一不小心，把皮包掉在了地上的水洼里。他马上把皮包捡了起来，一脸的惊恐。

妈妈看到小男孩惊恐的表情，先从孩子的手中接过皮包，用纸巾擦干净，然后对他说："没事的，你看，皮包擦擦就干净了。"

“我不是故意的，妈妈你不怪我吧?”男孩小声地问。

“当然不怪你。你能主动帮我拿皮包，说明你很有爱心，还乐于助人，妈妈替你感到高兴。”妈妈抚摸着小男孩的头说。

“可是皮包掉在水洼里了。”小男孩还是很后悔。

“我知道你不是故意的。每个人都有不小心的时候，妈妈也犯过这种错误，不过妈妈以后就特别注意了，相信你也会吸取教训的!”

“嗯，我以后不会再犯这种错误了，我还想帮你拿包，好吗?”孩子说。

“好啊，妈妈相信你!”说完，妈妈又把皮包交给了小男孩。公交车来了，母子俩高兴地上了车。

每个孩子都免不了会犯这样那样的错误，而孩子正是在不断犯错误、纠正错误的过程中成长起来的。所以说，重要的问题不在于孩子是否犯错误，而在于妈妈采取何种态度让孩子认识并纠正错误。善于在孩子的错误中发现优点，用赏识的态度去教育孩子，比严肃的批评和打骂更有效。

教子良方

第 1 招：要看到错误中隐藏的优点

面对孩子所犯的错误，妈妈首先要做的是要调查清楚事情的起因、经过，发现孩子在错误中显露出来的优点。如果孩子的错误是出于好意，首先应该夸奖孩子的良好初衷，而不是放大他的失误加以批评。你可以说：“虽然你做错了，但是你表现得很勇敢。只要改正错误的方式，你的勇敢仍是非常可贵的!”

第 2 招：教育孩子要有勇气承认错误

小孩子犯错误是正常的事，妈妈应该告诉孩子，每个人都要有勇气承认错误，并勇于担负责任。没有责任感的人是无能的、无用的。现在的你要学会对自己的学习、生活负责，将来对工作负责，这些都需要你不断地付出努力。

第3招：不要伤害孩子的自尊心

孩子做错了事，妈妈在进行教育时，必须“晓之以理”，让孩子明白所做的事情为什么不对。孩子做错了事，能在家里进行教育的，不必拿到外面去。有的妈妈常吓唬孩子说：“明天我到学校去告诉你的老师。”这样使孩子产生恐惧或不信任感，其结果并不理想。

第4招：避免重复教育

孩子做错了事，尽量避免多次重复地教育。如父亲说过了，母亲又接着说；今天说过了，明天又接着说，这样容易伤害孩子的自尊心。对天生比较敏感的孩子尤其应当特别注意。

越“淘气”的男孩越聪明

顽皮是孩子的天性，是任何一个正常孩子的生理、心理发展到一定程度出现的必然现象。顽皮的孩子往往比较聪明，有主见，意志比较坚强。妈妈只要善于引导，顽皮的孩子更有可能成为一个极具创造力的人。

男孩子一般都比较淘气，他们的顽皮、出格常常招致妈妈的抱怨；他们总爱跑来跑去，一刻也不得安宁；他们调皮任性，整天和大人对着干；他们胆大妄为，随时都会淘出个新花样……

“你真让我气疯了！”浩浩的妈妈走进浩浩的房间，差点以为走错了地方。原来好好的房间，居然地板上和墙上都涂满了面霜。浩浩赶忙抢着说："我在制造一个冬天的景色，这样不好吗？"

显然，这种调皮捣蛋的行为违反了妈妈"不能在室内乱画"的家规，又浪费了妈妈的面霜。但是，我们没有理由不认为：在这个小家伙身上确实有些与众不同的"大胆设想"。

在大多数妈妈眼里，淘气的孩子是不听话、好争斗、叫人头疼的。

事实上，没有一个孩子不淘气，只有程度不同而已。那些看似不听话的举动常惹火大人，但这正是孩子聪明的表现。此时的妈妈一定要走出"听话教育"的误区。

上小学二年级的奇奇是个特别淘气的孩子。奇奇最大的爱好是玩泥巴。奇奇说，把土掺上些水，做成泥巴，就像橡皮泥一样，可以捏出各种形状，特别有意思。

有一天放学回家，奇奇用泥巴做了辆坦克。"坦克"成型的时候，奇奇高兴极了，他完全忘记了今天刚穿的新衣服。妈妈走到奇奇身边的时候，奇奇完全没察觉，还陶醉在自己的"杰作"中。看到奇奇满身的泥巴，妈妈并没有生气而是露出惊喜的表情，说："哇！好漂亮的'坦克'呀！你是怎么做出来的？真是了不起！妈妈小时候玩泥巴只会弄一身脏，却没有你这样的创造力，能造出这么漂亮的坦克。你为什么要做坦克呢？是不是长大后想开坦克呀？"

"是呀，我就梦想着长大后，自己造坦克、开坦克。"孩子高兴地回答。

"嗯，这真是个好主意！是个伟大的理想。可是你打算怎么实现这个理想呢？造真的坦克可比造泥坦克要难多了。它需要掌握好多好多知识呢！"妈妈不失时机地赞美了奇奇的伟大理想。

“哦，那我一定好好学习！”可爱的孩子沉浸在他的理想中。

“好呀，只有学习更多的知识，打下坚实的基础，将来才能实现造坦克的伟大理想，妈妈一定会支持你的，未来的‘小坦克家’。”妈妈摸摸孩子的头说，“好了，咱们现在开始学习知识，充实自己，为将来造坦克做准备好吗？等做完了作业，妈妈陪你一起做坦克好不好？我知道乡下有种红胶泥，用它来造坦克更漂亮呢！”

“真的呀，太好了，你真是个好妈妈！”

可见，面对孩子的淘气，妈妈除了生气和责骂外，更好的方式是给予赏识和鼓励。妈妈要善于从孩子的淘气中看到他的发光点，然后通过赏识和鼓励，让孩子在淘气中获得知识、掌握做事的方法，进而树立更为远大的理想。

教子良方

第 1 招：正确认识孩子的淘气行为

常言道：越淘气的男孩越聪明。淘气毕竟不是恶劣的坏行为，只要他不是经常地出自愤怒、残忍或怀有恶意的、会使人身体受到伤害的行为，妈妈都应当大度一些、宽容一些。从孩子的成长过程来看，淘气行为是天生的，它是孩子不断走向成熟的必要“演出”。

第 2 招：注意培养和发展孩子的智能

一辆漂亮的玩具车到了小孩子的手中，也许不到半小时，就变成一堆支离破碎的小零件。这时，妈妈不必大动肝火，教训孩子。要认识到，孩子是因受好奇心的驱使，希望知道玩具的“真相”才产生了淘气的行为。妈妈只要适当指导便可以了。你可以从旁协助孩子在破坏后重新组合，让他在了解整体构造的同时，亦可增进知识。

第 3 招：对男孩进行正确的引导

对于淘气的孩子，妈妈要站在赏识的角度上给予正确的引导，可有针对性地带孩子看电影、逛公园、参观展览，或者学习唱歌及绘画等。通过多渠道教育，因势利导，不仅可以满足孩子好动和求知的心理需求，还可以让孩子学到更多的知识和技能，从而收到更加理想的效果。

妈妈的肯定，让孩子更好地成长

作为一个好妈妈，要看到孩子每一个小小的进步，及时给予赞扬，使孩子获得成功的体验和愿望，让他在被尊重和被信任中保持自尊，找回自信。

每个人都希望获得别人的认同，孩子更是如此，尤其是来自妈妈的肯定。当孩子通过自己的努力，在学习或者比赛中取得好成绩时，妈妈应该为孩子感到高兴，应该及时给予热情的赏识和赞扬。

然而，在现实中有许多年轻的妈妈总是无视孩子的进步，仅仅因为孩子没有达到“最佳”或自己心目中理想的标准，就全盘抹煞孩子的成绩。她们不知道，自己的这种做法是对孩子的一种伤害。

放学了，小刚一蹦一跳地跑回家，嘴里还哼起了歌。到家时，妈妈正在做饭，见到孩子这么高兴便问：“小刚，什么事这么高兴啊？”

“妈妈，这次小测试我的成绩都提高了。语文得了70分，数学得了73分。老师今天还夸我是班上进步最快的呢。”小刚的脸上带着欣喜的笑容。

“才70分就高兴成这样啊，你离优秀还差得远呢！”

以前的小测试小刚总是不及格，所以经常挨骂，通过努力这次拿了70分，满以为妈妈会夸奖几句。没想到妈妈的话立即让他像泄了气的皮球，蹦不起来了，他现在觉得努力也没用，他还是差得远！

心理学家威廉·詹姆斯说："人性最深切的渴望就是获得他人的赞赏，这也是人类之所以有别于动物的地方。"是的，每个人都需要赏识，喜欢被赞美、被肯定，生活由此而变得积极。

一位母亲第一次参加家长会，幼儿园的老师对她说："你的儿子有多动症，在板凳上3分钟都坐不了。"回家的路上，儿子问她老师都说了些什么。她鼻子一酸，差点流下泪来。然而，她还是告诉儿子："老师表扬你了，说宝宝原来在板凳上坐不了1分钟，现在能坐3分钟了。别的家长都非常羡慕妈妈，因为全班只有宝宝进步了。"那天晚上，她的儿子破天荒地吃了两碗米饭，并且没让她喂。

在第二次家长会上，小学老师对她说："全班50名同学，这次数学考试，你的儿子排第49名。我们怀疑他智力有些障碍，您最好能带他去医院查一查。"回去的路上，她流泪了。然而，当回到家里，看到诚惶诚恐的儿子，她又振作起精神说："老师对你充满信心。他说了，你并不是个笨孩子，只要能细心些，会超过你的同学。"说这话时，她发现儿子暗淡的眼神一下子充满了光亮，沮丧的脸也一下子舒展开来。第二天上学，儿子起得比平时都要早。

孩子上了初中，又一次家长会。老师告诉她："按你儿子现在的成绩，考重点中学有点危险。"她怀着惊喜的心情走出校门，告诉儿子："班主任对你非常满意，他说，只要你努力，很有希望考上重点中学。"

高中毕业，儿子把一封印有"清华大学招生办公室"的特快专递交到她的手里，边哭边说："妈妈，我一直都知道我不是个聪明的孩子，是您……”

这时，她悲喜交加，再也按捺不住十几年来积聚在心中的泪水，任它滴落在手中的那个信封上。

对于那些学习不太好的孩子来说，他们由于学业成绩不够理想，常常遭到批评、讽刺、挖苦、斥责，在心中或多或少留有阴影，由此而自我评价降低、没有自信、逆反情绪严重，甚至厌学，这些都会严重地损害孩子的心理健康，影响身心的发展。因此，作为一个好妈妈，要肯定孩子每一个小小的进步，及时给予赞扬，使孩子获得成功的体验和愿望，让他在被尊重和被信任中保持自尊，找回自信。

教子良方

第 1 招：要照顾男孩的自尊心

作为一个好妈妈，要善于安慰男孩，照顾他的自尊心，鼓励孩子。与我们一同身处这个充满竞争的社会，孩子稚嫩的心不可避免地会被挫折所伤害。这时，妈妈的包容与认可是抚慰他们创伤最好的止痛药。

第 2 招：应该珍视孩子的进步

妈妈要随时关注孩子的进步，哪怕是一点点的进步，对孩子的表现给予宽容，对孩子的进步给予赏识，这将会让孩子建立或者重新建立做好事情的勇气和信心。孩子有了进步，妈妈有必要表扬孩子。这样可以促使孩子保持动力，不断进取。

第 3 招：不要给孩子设立周期太长的目标

不要给孩子设立周期太长的目标，让孩子长期等待妈妈的赏识和赞扬。孩子的意志力和耐力都是有限的，他们很可能会因为等待时间过长而放弃努力。因此，应该多给孩子设立一些短期的表扬目标，一旦孩子达到目标或取得进步，就及时赞扬他。

男孩天生就是“冒险王”

孩子在成长的道路上，必然要尝试许多事情。他只有在不断的尝试中，才会获得成功的欢乐与生活的体验。如果做妈妈的出于保护孩子的目的，而剥夺了孩子尝试的权利，那么，孩子就永远无法获得成功、取得进步，他就会越来越没有自信。

每个家庭中都有一位“冒险王”，他们在成长的道路上不断地尝试，只有这样才会获得成功的欢乐与生活的体验。如果做妈妈的出于保护孩子的目的，而剥夺了孩子尝试的权利，那么，孩子就永远无法获得成功、取得进步，他就会越来越没有自信。

一个星期天，明明妈妈的一位好朋友去看望他们。看到家里来了客人，明明就高兴地跑去给这位阿姨倒茶。可这时，阿姨就听到妈妈惊恐地对明明大叫：“明明！小心点！小心烫伤了手！”

“儿子，你会把杯子里的水洒出来的，这要是烫到你的手指，就会很疼了。”妈妈一边“善意”地提醒明明，一边夺下明明手中的杯子。明明只好悻悻地走开了。

“你这样可不好，这会伤孩子自尊心的！”那位阿姨提醒明明的妈妈。

“什么？自尊心？小孩子有什么自尊心？”明明的妈妈疑惑地问道。

“你的做法明显是不相信明明的能力，他一定会认为你是在小看他，觉得他没有能力做好这件事情。可是他已经8岁了。”阿姨说道。

“哦，你也太多心了。我不是小看他，而是想要保护他，不希望他受到不必要的伤害。”明明的妈妈解释道。

“但是，明明肯定会觉得沮丧。”

“这怎么可能呢?”明明的妈妈还是不相信阿姨所说的话。

阿姨看了明明的妈妈一眼，轻轻地敲开明明的房门。只见明明正低头坐在床上，神情沮丧。

“明明，你这是怎么了?”明明的妈妈问道。

“妈妈，我是不是很没用，一点小事都做不好?”明明抬起头，小声说道。

妈妈这时愣住了，原来她真的伤了孩子的自尊心。

在现实中，很多男孩像明明一样，由于妈妈的过度溺爱和包办代替，造成了孩子缺乏自信心，甚至形成了孩子凡事都依赖别人的懒惰心理。著名儿童教育家陈鹤琴说：“凡是儿童能够做的应当让他自己去做，凡是儿童能够想的应当让他自己去想。”

当孩子表现出想要试试的愿望时，妈妈不妨对孩子说：“没事，来试试吧，但是要注意……”在鼓励孩子尝试的同时教给他必要的防护方法和知识，防止孩子受到一些不必要的伤害。尽管孩子有时做得并不好，作为一个好妈妈，你应该对孩子说：“真行，第一次就可以做得这么好！下次一定可以做得更好！”

教子良方

第1招：给孩子尝试的机会

当孩子尝试做某件事情时，作为好妈妈要给孩子尝试的机会，并对孩子“我要试一试”“让我自己来”的行为予以鼓励和帮助。如：

孩子第一次想自己盛饭，你担心他会烫到，你可以说："你真棒，记住每次盛少一点哦！"孩子在妈妈的鼓励和帮助下，大胆地尝试，其探索精神就会得到有效的保护。

第 2 招：要在孩子失败的时候给予支持

孩子尝试做事情并不一定会成功，当孩子失败的时候，做妈妈的切忌讽刺和挖苦孩子，那样只会把孩子的探索热情浇灭掉；当然，也不要在孩子失败的时候可怜他，那会使他丧失克服困难的勇气。好妈妈应该做的就是给予支持。比如孩子想试着自己剥蛋壳，结果，把鸡蛋都捏碎了，你可鼓励他："不错，下次会更好的。"

第 3 招：帮孩子建立自信

孩子在尝试的过程中，如果表现出缺乏自信，妈妈可以适当地示弱。这样做不会伤害他的自尊心，对于孩子来说，反而会给他极大的信心。他会认为自己并不比别人差，只要再努力一些，甚至会做得更好。

每个男孩都有英雄情结

对于男孩子的英雄情结，做妈妈的不必过分担心，如果妈妈能够正确引导孩子的这种英雄情结，那么，不仅有利于培养他们的男性气质，更能使他们尽快成长为真正的男子汉。

男孩子活泼、好动，喜欢冒险和竞争，都想当英雄，所以他们喜欢奥特曼、蝙蝠侠，喜欢孙悟空、哪吒。所以，家有男孩的妈妈们都会有一个这样的感受：男孩爱管闲事，喜欢打抱不平，容易惹是生非。比如，他把家里的小狗追得满屋乱跑，是因为他看到小狗在欺负小猫；他跟比他大的孩子摩拳擦掌，是因为他看不惯大孩子欺负弱小，所以不管不顾地跳出来想讨公道。

男孩的这种行为就是内心的英雄情结在驱使。其实，对于男孩子的这种英雄情结，做妈妈的不必过分担心。如果妈妈能够正确引导，那么，不仅有利于培养他们气质，更能使他们尽快成长为真正的男子汉。

5 岁的健健总爱打抱不平。这天，妈妈把他从幼儿园接回家后，发现他的脖子上有几道不太明显的划痕。妈妈问他是怎么弄的，他先是不说，后来在妈妈的引导下，他才说出了事情的真相。

原来，今天，他们班的一个“小霸王”总是喜欢揪一个女生的小辫子，还用彩笔在这个女生的衣服上乱画。当时正好老师不在，于是健健就控制不住自己爱打抱不平的情绪，走上前与“小霸王”较量，那几道划痕便是被那“小霸王”所赐。

听了孩子的叙述之后，妈妈没有责备他的打架行为，而是对孩子说：“妈妈也觉得那个男孩的行为是不对的。”

健健很高兴妈妈没有责备他，可妈妈接着说：“那你觉得打架的行为正确吗?”

健健想了想，说：“你跟爸爸都说过，打架是不正确的。”“那你想想还有别的解决办法吗?”妈妈循循善诱。

“嗯，我可以先跟他说不要欺负女孩子，让他明白这样做是不对的。”

妈妈笑了，对健健说：“妈妈鼓励你帮助同学。但是，打架并不是最好的解决办法，就像你刚才说的，你可以心平气和地跟那位欺负人的小朋友讲道理，也可以动员别的小朋友一块跟他讲道理。如果大家都反对他，他就不敢再欺负别的小朋友了。你说对吗?”

健健很认同地使劲点了点头。

爱打抱不平是男孩的本能反应，每个男孩都有英雄情结。他们总是同情弱小，希望正义永远战胜邪恶；他们常常幻想自己能够身怀绝技，去与恶势力作斗争，让自己成为人们心目中的英雄。因此，当男孩们看到邪恶势力占据上风时，或者看到有人恃强凌弱、以大欺小时，他们往往会情不自禁地攥紧拳头，为正义而打架。

当孩子因为打抱不平与别人打架时，做妈妈的不要先忙着批评孩子，要先表扬孩子的英勇行为，满足孩子的英雄心理。然后，再帮孩子分析，除了打架之外，还有哪些更好的方法可以帮助弱小者脱离困境。

教子良方

第 1 招：满足男孩当英雄的心理

在日常生活中，妈妈可以让孩子做一些力所能及的事情，如让孩子帮忙扔垃圾、帮妈妈提一些轻便的购物袋……这不仅能够满足孩子的英雄心理，而且很利于孩子男子汉气质的培养。

第 2 招：让男孩知道什么是真正的英雄

真正的英雄不是打架打出来的，而是用自己正义和英勇的行为表现出来的。当英雄是光荣的，但却不能不考虑自己的实力而一味地去做英雄。只有在力所能及的情况下，才可以去做英雄。

第 3 招：利用孩子心目中的英雄改正孩子的缺点

在男孩心目中，英雄是伟大的、神圣的。因此，很多男孩都以心目中的英雄为榜样。所以，明智的妈妈可以抓住孩子的这一心理，轻易地让孩子改正缺点。其实，每个男孩身上都会有很多缺点，如挑食、不讲卫生、不懂礼貌等。妈妈如果借助英雄的形象、英雄的口气去教育他们，不仅能让孩子改正缺点，而且可以让他们向更高的要求发展。

第 4 招：英雄也要学会保护自己

作为好妈妈，我们不但要细心呵护男孩天生的英雄情结，还应给孩子讲解一些保护自己的知识，让孩子明白，英雄并不是靠自己的蛮力一味蛮干，而是要运用自己的英勇和智慧，巧妙地让弱小者脱离困境。

不要嘲笑孩子的最初理想

作为妈妈，望子成龙的心理无可厚非，但是最好不要从小给孩子过大的压力。孩子的世界是单纯的，他们也有自己的“远大志向”，妈妈应该尊重孩子，尊重孩子的理想，不管他们的理想是什么。

在孩子的眼中，世界是单纯的，可能觉得每个行业都很有意思，如保安、售货员等工作让他们着迷，但随着年龄的增长，这种想法会逐渐改变。而做妈妈的，千万不可嘲笑孩子幼稚的想法。

王女士从老师那里得知，一次在课堂上谈理想时，叮叮涨红了脸说：“我没有理想……”王女士很是尴尬，因为以前问儿子的理想时，儿子要么说想当一名清洁工，要么就是当一名看大门的守卫，为此王女士每次都骂儿子没出息。这次，搞得叮叮都不知道自己想干什么了。老师了解情况后，给王女士讲了一个故事：

有一个小孩在作文“我的理想”中写着：“我最大的理想就是当一名海盗，梦想拥有一大箱珠宝，然后抢一个漂亮的公主。”很意外，老师没有严厉批评这位学生，反而出乎意料地给他打了高分，还鼓励他，说他的理想有创意。后来，想当“海盗”的孩子长大了，他当然没有做海盗，他成了风靡华语歌坛的情歌王子——张信哲。

等老师讲完，王女士显出十分羞愧的神情，从这件事中，她真的获益匪浅。此后，王女士更多地尊重儿子的选择、儿子的理想了。

孩子的内心永远是纯真的，他们真实地说出自己的心愿、希望，好妈妈应该尊重这种天真的想法，这样才能看到他们的心灵，才能理解、帮助和引导他们，让他们一步步地奔赴自己的理想，实现人生最美丽的梦。

教子良方

第 1 招：别伤害了童心

妈妈应该站在孩子的立场上看问题，以单纯为出发点。当你以一颗童心去看待孩子的一言一行时，你会发现孩子是那样的天真可爱。所以，简单而干脆的否定常常能轻易地伤害童心，好妈妈千万要注意。

第 2 招：有理想总是好事，就得鼓励

每个小男孩都有自己的理想，但理想的确需要有一个渐进的过程，在它的萌发之初，需要妈妈的点拨和引导。对孩子最初的理想要学会鼓励，鼓励是对孩子的一种尊重。对孩子刚刚萌发的理想之苗，动辄苛以参天大树般的要求，是不现实的。

第 3 招：支持要讲究方法

支持孩子的理想，不是简单地说句好，也不是马上提出要求让孩子去实施。支持是讲究方法的，是必须充分考虑孩子的心理准备和接受能力的。真正的支持应该建立在对孩子的充分理解和尊重的基础之上，然后进行适当的启发和诱导。

第 4 招：培养和扶持孩子的理想，静待花开

对于孩子的理想，妈妈要一点点地培养扶持，不要此好彼坏地斥责，也不要不管不顾，更不能要求立竿见影，这都是不切实际的。

第二章

学会“狠心”，让男孩懂得自立自强

独立，是现代人必备的素质，是健全人格的重要构成，是一个男孩子能够立足于社会，发挥其潜力的基础。在现代社会中，一个男孩子如果具有独立的意识与能力，就能富有理想，最大限度地实现自我价值。

放手给男孩成长的机会

作为一个好妈妈，要明白的道理是：每代人都要经历世事变幻的沧桑，每个孩子都要拥抱属于自己的风雨。孩子的痛苦与孩子的快乐，妈妈都无法阻挡，也无法承担。过度的保护，只会带来孩子的无能。松开双手，让孩子去面对生活中的困难与挫折，才能让他成长起来。

现在，许多妈妈把爱变成了过度的保护，对孩子的一切大包大揽，恨不得替他们穿衣、吃饭、上学。总之，生怕他们磕着、碰着或累着，最终使孩子变成了生活的低能儿。这并不是真正的爱，反而是一种害。

小锋已经是上六年级的孩子了，可是他除了学习之外，一切他这个年龄的孩子能够做的事情他却什么都不会做。比如，班上很多同学都已经学会自己做饭了，他却从来都不知道如何动手做饭。有时候妈妈不在家，他实在饿急了，就见什么能吃的随便往嘴里塞；如果不幸遇到家中没有现成可吃的东西，他就只会掏出零花钱出去买。

小锋从小就习惯了妈妈的照顾，有时候妈妈在出门前把做好的饭菜放在锅里了，他却没想过要去打开锅盖瞧一瞧，结果只胡乱地吃了些零食充饥。妈妈回来看到锅里的饭菜一动没动，只有无奈地摇头。从此，每次妈妈出门，必定要把饭菜给他准备好，盛在碗盘中，并放在最显眼的地方，让他不费吹灰之力就能看得见。

最近学校开展了一次表孝心活动，要求学生每人回家为父母做一件事，以表达自己的孝心。小锋想来想去也不知哪些事情自己做得来的，最后他想那就煮一次饭吧。因为煮饭是最简单的，只要将米洗了放在电饭煲里，然后插上插头就 OK 了。想到就做，小锋一回到家就跑进厨房，盛上一小碗米放进锅里淘洗。正淘着米，小锋想，光煮饭好像不能表达孝心啊，平时听妈妈说黑米很有营养，吃了可以美容保健。何不加点黑米放在里面呢？于是，他又往锅里加了点黑米。正得意自己做了一锅营养米饭时，小锋发现问题来了，怎么这黑米不像大米那样沉在锅底，反倒都漂在了水面上呢？正在锅前发呆，妈妈回来了，看着水面上漂着一层黑东西，连忙问他：“你在做什么？怎么把黑芝麻放进饭锅里啊？”

“不是黑米吗？怎么是黑芝麻了？”看到小锋居然连黑米和黑芝麻都分不清楚，妈妈真是又气又恼。

其实，在生活中像小锋这样的生活低能儿真的不在少数。好妈妈要明白：每代人都要经历世事变幻的沧桑，每个孩子都要学会拥抱属于自己的风雨。孩子的痛苦与孩子的快乐，妈妈都无法阻挡，也无法承担。过度的保护，只会带来孩子的无能。松开双手，让孩子去面对生活中的困难与挫折，才能让他成长起来。

教子良方

第 1 招：让孩子参加家务劳动

三四岁的孩子可以做一些如整理报纸、给下班的爸爸妈妈拿拖鞋等简单的劳动；四五岁的孩子可做一些较为固定的家务，如打扫房间时让他抹桌椅、吃饭时让他收放餐具等；五六岁的孩子劳动技能有较大提高，可让他们独立完成一些家务活，如洗碗筷、洗手绢等。妈妈可以针对孩子的年龄特点和身体状况，给孩子分配一些力所能及的家务。

第 2 招：在家务劳动中让孩子掌握生活技能

在参加家务劳动中，让孩子逐步学会穿衣服、系鞋带、洗手洗脸洗脚、洗手绢袜子、叠被褥、扫地、擦桌子、整理自己的图书和玩具等。孩子稍大后，可教孩子逐步学会洗小件衣物、收拾屋子、倒垃圾、摘菜、洗菜等这些家务劳动。这样不仅可以提高孩子的自理能力，还可以锻炼孩子的动手能力和解决问题的能力。

第 3 招：给孩子“做”的机会

在生活中，叠衣服、整理书包、吃饭、穿衣，这些小事都是孩子有能力自己完成的，而且他们也会乐意去做。只要我们给他们机会，他们一定能做好。

第 4 招：从小培养孩子的独立性

让孩子学会生活自理的能力，是每个妈妈的责任，我们不要让过度的保护措施，影响了孩子的正常成长。不要等到孩子长大成人，再去责怪他们缺乏独立性。须知，孩子的独立性源于妈妈从小对他的培养。

自己的事情自己负责

幼儿期孩子心理活动的主动性就明显增加，喜欢自己去尝试体验。要让孩子拥有良好的自理能力，妈妈就应因势利导，把握孩子这个时期的心理特点，在保证孩子安全的前提下，放手让孩子去做力所能及的事情。

培养孩子的自理能力就要让孩子从小从身边的小事做起，由易到难，学会一些自我服务的技能，如学习自己擦嘴、擦鼻涕、洗手、刷牙、洗脸、穿衣服、整理床铺等。这些事都是孩子自己的事，妈妈应学会放手，让孩子自己去解决，这样不仅给孩子创造了很好的锻炼机会，还在无形中让孩子学到独立生活的能力。

小强通过自己的不懈努力，终于考上了一所重点中学。随后的日子，他将离开妈妈到学校去过寄宿的生活了。儿子能取得好成绩，做妈妈的内心的那个喜悦是不用提的了。可随着小强开学日子的临近，小强的妈妈却失眠了。为什么会这样呢？

原来，小强的妈妈从小就非常重视儿子的学习。为了让小强安心地搞好学习为今后考重点中学、重点大学打下坚实的基础，小强的妈妈从小强开始上幼儿园起就没让儿子干过一丁点家务活。小强早上洗脸的水妈妈会帮他倒好，刷牙的牙膏妈妈会帮他挤好，小强的房间妈妈会帮他整理，衣服鞋袜妈妈也会帮他洗好叠好放在衣柜里，其他的洗碗、打扫卫生就更不要说了，小强从来就没沾过手。现在，小强要离开妈妈到学校过独立的生活了，一个月才能回一次家，到了学校小强该怎么办呢？而且男孩子比较贪玩，自制力又差，妈妈真怕小强上了中学后什么都料理不好还不好好学习。一想到这些，小强的妈妈心情就烦躁了，自然晚上睡不好觉了。

我们知道，任何一个孩子，都是由于家庭的教育和环境的影响，才形成了不同的人格品质和能力的。幼儿期孩子心理活动的主动性就明显增加，喜欢自己去尝试体验。要让孩子拥有良好的自理能力，妈妈就应因势利导，把握孩子这个时期的心理特点，在保证孩子安全的前提下，放手让孩子去做力所能及的事情。当孩子完成一项工作后，妈妈可以给予适当的肯定和赞赏，这样会让他们感到无比的兴奋和快乐，在很大程度上增进孩子的自信心。

教子良方

第 1 招：要舍得让孩子劳动

做妈妈的不要总认为孩子小，许多事情都舍不得让他去做，久而久之，孩子没有机会练习，渐渐地，很多事情就真的不会做了。因此，一个好妈妈要舍得让孩子劳动，只有通过亲自动手才能得到最好的锻炼。

第 2 招：抓住孩子强烈动手的敏感期

从孩子的发展过程来看，孩子都是喜欢做事的：走路、吃饭、穿衣等动手敏感期，妈妈应耐心地教给他做事的方法，指导孩子做好他想做的事，使孩子享受到“我会做”的喜悦和成就。

孩子的年龄不同，动作技巧、认知程度、体力、耐心均不相同，妈妈在决定让孩子做事时，应视孩子的能力来安排，不宜超过，以免孩子因挫折而产生抗拒和畏惧感。

第 3 招：适当放手，让孩子自己动手

当孩子养成良好的劳动习惯时，妈妈要学会放手，让他独立去完成、去承担风险。但涉及火、电等不安全因素时，要及时制止和教育。

第 4 招：妈妈要做好示范

孩子早期出现的劳动热情，往往会给妈妈增添一些麻烦，可能要浪费妈妈一点时间，甚至还会糟蹋一些东西，但是切不能因此轻易地放过锻炼孩子的好机会。应因势利导，耐心讲解，反复示范，这样孩子就会在一遍遍重复动作中学会独立。

第 5 招：大胆放手让孩子去尝试

聪明的妈妈应该鼓励孩子大胆尝试，即使孩子做得不好，也不要责备。好妈妈的责任是帮助孩子学会生活、学会自立，只有大胆放手让孩子尝试，才能帮孩子迈出走向独立的第一步。

从小培养男孩的独立性

将儿子培养成一个自强自立的人，是每个妈妈的心愿，也是妈妈给予孩子最珍贵的礼物。当儿子拥有了独立能力时，他的学习能力会更好，他的耐挫能力也会更强。

一位儿童教育工作者曾经说过，如果你想让你的孩子能够早日独立，那么就应该教会他们如何去从事工作，并养成习惯。将儿子培养成一个自强自立的人，是每个妈妈的心愿，也是妈妈给予孩子最珍贵的礼物。当儿子拥有了独立的能力时，他的学习能力会更好，他的耐挫能力也会更强。

现代的孩子若要像跑出去的小狮子，无论在什么环境都能顺利地成活，就需要做妈妈的注重孩子独立性的锻造，让孩子早早体验独立的生活。

杰奎琳，美国前总统肯尼迪的遗孀。肯尼迪总统身故之后，她嫁给了世界船王奥纳西斯。

尽管杰奎琳名扬天下、富可敌国，但她对儿子约翰的要求却十分严格。为了不使约翰长大后成为一个花花公子，小约翰 11 岁时，她就把儿子送到了英国的德雷克岛“挑战者营地”去接受训练，学习驾驶帆船、独木舟、练习爬山等。通过这些来锻炼儿子刚毅果断的独立人格。

约翰 13 岁时，杰奎琳又把他送到缅因州的一个孤岛上去学习，在那里训练小约翰独立生活的勇气和技能。20 天的训练中，不给食物，只给一加仑水、二盒火柴以及一本如何在野外谋生的书。艰苦的锻炼，让他养成了刚毅不屈的人格。

在约翰15岁那年，杰奎琳又送儿子到肯尼亚的荒郊野外独自生存。在暑假期间，杰奎琳还把儿子送去参加“国家户外学校”的70天训练。这仅仅是磨练儿子个性的开始，为了更进一步强化约翰独当一面的才能，杰奎琳又送儿子参加赴危地马拉志愿队，从事地震救灾工作，让他感受到了另一种人生。

正是由于杰奎琳从不放弃锤炼约翰独立人格的任何机会，使得约翰最终成为一个自信潇洒、积极上进、理智节制、圆通练达的年轻人。约翰独立人格的形成与他母亲的教育是密不可分的。

有一位妈妈为了培养儿子的独立性，她给儿子2元钱，嘱咐儿子1元钱买香菜，另外1元钱可以去买个冰棍，算是对他的奖励。儿子极不情愿去买菜，虽然他已经4岁半了，可是他从来没有办过这样的事，平时都是饭来张口、衣来伸手。

妈妈告诉儿子，在自己像他一样大的时候，早就能给妈妈买酱油，能帮妈妈办事情了。在做通了孩子的工作，看着孩子离开的身影，妈妈一边庆幸，一边担心。庆幸的是孩子长大了，能帮妈妈做事了。担心的是，害怕孩子出现危险。等了半天，孩子还不回来，妈妈就跑出去寻找孩子了。刚出楼道口，便看到儿子小小的身影，左手提菜，右手吃冰棍，笑眯眯地回来了。妈妈高兴地夸奖孩子真乖，儿子也一个劲儿地向妈妈叙述买菜的经过。原来，他让院里一个大姐姐陪他一起去买的。儿子还真有办法，自己胆子小，倒会找陪同。虽然不是儿子单独完成的这项作业，但妈妈依然觉得儿子还是很棒的。毕竟是第一次帮妈妈去买菜，以后多锻炼会好的。

由此可见，有时候做妈妈的大可不必过分担心自己的孩子，更不可低估了孩子的能力，孩子自有孩子的办法。只要告诉孩子必要的安全知识，大可放手让孩子自己去做一些力所能及的事，从小培养他的独立性。

教子良方

第 1 招：培养孩子独立的观念

孩子无论在情感上还是物质上都会对妈妈有很大的依赖性，这是一个必然的过程。但妈妈要有意地帮助孩子认识到独立的需要，鼓励他们建立起自己的独立观念。

第 2 招：让孩子学着做事

妈妈要想将儿子培养成一个独立能力强的人，最好的办法就是尽可能让他自己去拿主意、作决定，将决定权归还到孩子手中。

当发现孩子的一些决断明显欠周到时，妈妈可以在与儿子共同探讨的过程中，让他认识到自己的问题，然后再让他自己调整自己的决定。

第 3 招：允许孩子犯错

任何人都可能犯错误，既然妈妈已经把一些事情交给孩子去做，就要允许孩子犯错误。不要因为害怕把事情做砸了，就不让孩子做一些力所能及的事。

孩子犯错本身也是一个学习的机会，可以借此培养孩子的自我反省能力：找出失败的原因，然后及时调整自己的行为。

第 4 招：不要盲目地去处罚孩子

许多妈妈在孩子没做好事情时，就责罚孩子，这是一种不明智的做法。妈妈经常这么做，就会扼杀孩子自主做事的积极性，会让孩子畏缩不前，不敢尝试。

第 5 招：给孩子创造自我成长的机会

孩子的成长谁也代替不了，做妈妈的应该给孩子的成长创造条件、创造锻炼的机会，而不是凡事包办代替、做孩子的"代言人"，这样他才有可能成长为一个具有独立能力的人。

培养男孩的自立能力

生活在社会中的人们，不仅要学会自立，更重要的是要学会自强。尤其是男孩子，只有学会自立才能在社会上立稳脚根，只有学会自强才能在激烈的竞争中立于不败之地。

人生于天地之间，自立自强才是人生最重要的课题。自强与自立是任何一个人成才所必须具备的条件与素质。生活在社会中的人们，不仅要学会自立，更重要的是要学会自强。尤其是男孩子，只有学会自立才能在社会上立稳脚根，只有学会自强才能在激烈的竞争中立于不败之地。但是，现在的“小皇帝”们在妈妈的严密保护下，其自立自强的能力是非常低的。

在某幼儿园里，新生入园的第一天，教室外面围满了家长。她们久久不愿离去，除了担心孩子哭闹，她们更担心自己的心肝宝贝在幼儿园里会饿肚子，尿湿裤子，睡不好觉或者被别人欺负。一位妈妈拉着老师的手说：“这下可要您多费心了！我的儿子每顿饭都要大人喂；喜欢吃鸡腿，不喜欢吃素；睡觉时要给他哼歌；要提醒他起来小便，否则会尿床……”

曾经还有一媒体报道：

某高校的一名学生，由于成绩优异，被保送硕博连读。可没过多长时间，他就退学回家了。原因是他上研究生之前一直有母亲陪读。读研后，学校不允许母亲继续陪读。离开母亲的照顾，他既不会买饭，也不会洗衣，经常找不到上课的教室，不知道该如何和宿舍里的同学相处，最终只有选择离开。

从这些事例中我们可以看到：在教育孩子的过程中，正是妈妈们有意无意地包办了孩子许多力所能及的事情，在重视孩子学习成绩的同时却忽略了孩子的生活能力。作为一个妈妈，在无意中剥夺了孩子成长的权利，限制了孩子的自我发展，这不能不说是一件让人悲哀的事。

作为一个身心健全的孩子，他有手能做事，有脑能思考，他所需要的只是机会，而不是成人的灌输和施予。所以，我们做妈妈的不妨给孩子一些权利，让他自己去选择；给孩子一些经历，让他自己去体验；给孩子一些困难，让他自己去解决；给孩子一些问题，让他自己找答案；给孩子一些条件，让他自己去锻炼：给孩子一些空间，让他自己向前走。相信，只要妈妈的教育方法得当，就一定会培养出自强自立的孩子！

教子良方

第 1 招：给孩子拿主意的权利

妈妈应该让孩子早点学会拿主意，对他们将来的成长意义重大！尽管他们拿主意的事还只是些无关紧要的小事，但对孩子的成长来说却是十分重要的。不过，当妈妈把某些选择权交给孩子时，应事先帮他分析各种可能，并且还要告诉他如果是自己选择错了，自己就要负责任。

第 2 招：尊重孩子的意志

要想培养孩子独立思考、独立处理问题的能力，就要了解认识孩子的行动意志，尊重和珍惜孩子的意愿，保护孩子敢想、敢说、敢做的精神，决不能伤害他们的这种积极性。

第 3 招：学会按照孩子的意愿办事

自我意识强的孩子，往往善于钻研，善于探索。他们多服从于理，不服从于力。对大人的强制做法，表现出极强的反抗心理。有时即使表面服从了，实际心里并不服从。如果事事都要孩子顺从，就会压抑孩子的主观能动性，使孩子变得胆小怯懦，缺乏创造精神，失去自立能力。

第 4 招：给孩子自由发展的空间和时间

孩子是独立的个体，他们有自己的观念和判断。也许他们生活经验还不足，可能会出现错误的判断，但这种错误是可以理解的，他们需要从中吸取教训。没有足够的自由发展空间，没有足够的实践，将来需要作出自主选择的时候就很可能束手无策，毕竟谁也不会一开始就能自主选择。

第 5 招：妈妈要重视孩子的自立能力

好妈妈一定要重视孩子的自立能力培养，因为自立自强是孩子成才的根基，培养孩子的自立自强精神，等于为孩子未来的成功打下基础。

做一个有主见的男子汉

对于一个男孩子来说，特别是一个将来要靠自己生存，在社会上磨砺的男人来说，遇事有主见，不盲从是十分重要的。所以，好妈妈应让孩子学会自己拿主意。

现在的孩子在妈妈的“庇护”下变得越来越没有自己的主意，在面对纷繁复杂的世界时，显得束手无策，完全没有办法应对。这样的孩子长大后，很可能会成为一个事事依赖他人、遇事毫无主见的人。我们知道，对于一个男孩子来说，特别是一个将来要靠自己生存，在社会上磨砺的男人来说，遇事有主见，不盲从是十分重要的。所以，好妈妈应让孩子学会自己拿主意。

小强是一个遇事有主见的孩子，这使得他常常成为一群孩子的中心人物。但当初却并不是这样的，以前的小强什么都不用管，就连玩什么玩具也要妈妈帮他决定。小强上学后，妈妈告诉他，他已经是大孩子了，什么事都要自己有主意，比如玩游戏、吃水果，以及平时穿衣服，妈妈只是协助他。同时告诉他，如果他对什么事情感到不满意，就要及时说出来，“我吃饱了，不想吃了”“我不喜欢吃苹果，我喜欢吃橙子”“我愿意玩捉人游戏，不喜欢拍皮球”“妈妈，别来干扰我”，等等。妈妈给予了小强充分表达自己的思想的机会。当然，小强说得不对时，妈妈也会耐心地给他指出来，告诉他怎样才是正确的。刚开始的时候，小强的爸爸还担心这样会让小强变得任性不服管教。但事实证明，这样让孩子学会了遇事有主见，不再盲从。

一般来说，从 4 岁开始，孩子就已经有自己的想法了。他会认为他已经足够大了，已经不再需要别人告诉他该做什么、该怎么做，他想自己做主，掌握一切事情。亦或当妈妈要他上床睡觉时，可他不想睡，他就会采取一个好办法来拖延时间，比如不断提出问题让妈妈来回答，这样他就可以拖延睡觉时间。妈妈对孩子的这种试探，应该感到开心。毕竟，要培养出一个有判断力、责任感的孩子，前提是妈妈必须懂得协商。所以说，孩子希望自己决定上床的时间，妈妈可在接受的范围之内，给予孩子一定的权利，这样才是正确的做法。

教子良方

第 1 招：给孩子表达意愿的机会

有许多妈妈都习惯于事事为孩子作决定，而不征求孩子的意见；

一旦孩子不遵从，就大加责备。其实孩子有自己的想法，妈妈在任何时候都要注意让孩子充分表达自己的意愿，给他自主思想的机会。

第 2 招：用启发式的话语代替命令

有些妈妈在要求孩子做事时，往往喜欢使用命令句式，如“就这样做吧”“你该去干……了”。这种语气会让孩子觉得妈妈的话是说一不二的，自己是在被强迫做事，即使做了心里也不高兴。妈妈不妨将命令式语气改为启发式语气，如“这件事怎样做更好呢”“你是否该去干……了”，这种表达方式会让孩子感到妈妈是尊重自己的，从而引发孩子独立思考，按自己的意志主动处理好事情。

第 3 招：教孩子自己想办法

在日常生活中要培养孩子“自己想办法”的习惯。从小让孩子自己去解决自己的事务，让他们明白，任何人都别想推卸自己的责任。妈妈要让他们经过失败的考验后，自己从中总结经验教训，而不要什么事都包办代替，帮孩子完成任务。妈妈可以帮助他们分析、反省，可以告诉他们遇事时要怎么做，但不要帮过了头。

第 4 招：将选择权交给孩子

将选择权交给孩子，让孩子自己拿主意。因为孩子从自己的失败、错误中学的东西要远比妈妈给他的正确指导学到的东西要多得多。妈妈要让孩子知道：有些事情大人可以提意见，但最后决定权还在于他自己，而且随着年龄的增大，这样作决定的事会越来越多。

从哪里跌倒就从哪里爬起来

作为一个好妈妈，在照顾好孩子生活的同时，更要鼓励他勇敢地面对困难。只有当他充分地感受到挫折带来的痛苦体验时，才能激发他考虑如何解决问题，克服困难。若这个过程经常得到强化，孩子就

会在挫折的情境中由被动转为主动，从而战胜困难。

在生活中，我们常常看到一些孩子经不起考验，遇到一些挫折失败就容易放弃，不让自己的身体或精神受到任何的压力或考验。心理学家认为，孩子之所以会被挫折轻易地打倒，主要是因为他们不能正确地认识挫折，缺乏应对挫折的技巧和方法。

印度前总理甘地夫人是一位非常出色的女性。作为领袖，她对印度有着杰出的贡献；作为妈妈，她是孩子心中最好的老师。

甘地夫人认为，生活中有幸福，也有坎坷。教育的目的就是培养孩子健全的个性，使他们以后能够从容不迫地适应生活中的各种变化。作为母亲，她必须帮助孩子平静地接受挫折，发展自我克制的能力。

甘地夫人的儿子拉吉夫12岁时，因病要做一次手术。面对紧张、恐惧的拉吉夫，医生打算说一些“手术并不痛苦，也不用害怕”等善意的谎言来安慰孩子。可是，甘地夫人却认为，孩子已经懂事了，那样反而不好，所以她阻止了医生。

随后，甘地夫人来到儿子床边，平静地告诉拉吉夫：“可爱的小拉吉夫，手术后你有几天会相当痛苦。这种痛苦是谁也不能代替的，哭泣或喊叫都不能减轻痛苦，可能还会引起头痛。所以，你必须勇敢地承受它。”

手术后，拉吉夫没有哭，也没有叫苦，他勇敢地忍受了这一切。

人的一生会经历许多痛苦和挫折，好妈妈要认识到，在孩子的成长过程中，挫折是不会以人的意志为转移的，也不是好妈妈时刻呵护就能避免的。所以，好妈妈要在孩子童年时期就引导其勇敢地面对挫折，孩子长大以后就能更好地战胜挫折。

教子良方

第 1 招：树立正确的教育态度

孩子受挫时能否正确地处理，将决定孩子未来能否勇于面对失败或困难。因此，当孩子跌倒、受伤或受挫时，好妈妈不要急于伸出援手，让孩子尝试自己爬起来或面对，而妈妈要扮演的角色是一位鼓励者、一位陪伴者，适时给予孩子口语或非口语的鼓励，有必要时可以协助找出解决方法。

第 2 招：创造挫折的机会

生活在物质条件优越的今天，做妈妈的没有必要让孩子承受像过去一样的苦日子。但是，我们可以提供孩子承受挫折的机会，为孩子打下勇于面对困难的预防针，提高他们受挫的免疫能力。

第 3 招：当孩子遇到挫折时不忘鼓励

孩子在遇到挫折时，妈妈要及时地给予安慰和鼓励，帮孩子积极思考解决问题的办法。但是要注意避免消极否定的评价，在评价孩子时，既客观地承认孩子的失败，又看到孩子的努力，还为孩子提供继续努力的方向和动力。让孩子意识到自己的努力是受到肯定和赞扬的，这样他就会慢慢学着承受和应付各种困难。

第 4 招：培养孩子的抗挫能力，从生活小事做起

在生活中潜移默化地培养孩子承受挫折的能力，让孩子明白生活中有苦有乐，认识生活的本来面目，让孩子认识挫折、经历挫折，从而学会战胜挫折的本领。

第三章

尊重别人，才能得到别人的尊重

人际交往是每个人生存与发展的基本技能。对于成长中的男孩子来说，早期的交往技能会深深地影响其未来的人际关系，甚至将来的成功与失败。对此，教育专家认为，这是发展交往能力的关键时期，好妈妈要从这个时候起就开始培养孩子的交往能力。

嘴甜的孩子，运气都不会差

懂得关心他人，是一个人在社会上立足并取得他人尊敬的先决条件。只有这样，才能取得别人的信任和支持，成就自己的事业。

尊敬长辈、关心他人是一个孩子应具备的优良品质，能为将来参与社会生活，协调人际关系打下良好的基础。每一位妈妈都希望自己的孩子体贴孝顺，好妈妈们是如何培养孩子关心他人、孝敬父母的优良品质的呢?

齐齐今年10岁了，但是他却没有独生子女常有的那种专横、霸道、任性和以自我为中心的坏习惯，他的好脾气和关心人是妈妈最大的骄傲。齐齐之所以具有这些良好的品性是跟妈妈的教育分不开的。

齐齐的妈妈深知自己的言行在孩子成长中起着重要的作用，所以她一直严于律己、坚持正面教育的原则。作为齐齐的妈妈，她不但孝顺长辈、关心亲朋、与邻里关系和睦，在齐齐面前也从不议论别人的长短，并尽可能地尊重齐齐的一些孩子气。逢年过节给老人买东西、送礼物，妈妈总是让齐齐知道，还常常请他发表意见。单位组织旅游或庆祝活动，如果能带家属，妈妈总是在带齐齐同行的同时带上爷爷奶奶，既让老人开阔眼界，也让他们尽享天伦之乐，更让齐齐知道了凡事都要想着别人，尤其是自己的长辈。

在餐桌上，在给齐齐夹菜的同时总不忘给爷爷奶奶也夹一筷；外出购物时，在给齐齐买玩具衣物的时候，也不忘和孩子商量给爷爷奶奶买一样什么东西；吃水果的时候，总是一家人围在一起吃，偶尔有人不在，妈妈也总是跟齐齐商量着给不在家的人留一点。

久而久之，齐齐也就学会了谦让、学会了关心别人。当爸爸妈妈劳累了一天回到家时，齐齐会赶紧给他们递上拖鞋；吃饭时，齐齐会主动为他们盛饭夹菜。在学校，遇到有同学生病，齐齐会主动关心他们；还会为学习不好的同学补习功课。因此，在同学老师、邻居亲朋那里常常可以听到大家对齐齐的夸赞。

正是齐齐妈妈精心的教诲，让齐齐受到了众人的喜爱和夸赞。懂得关心他人，是一个人在社会上立足并获得世人尊敬的先决条件。只有这样，才能取得别人的信任和支持，成就自己的事业。

作为妈妈，应尽可能地引导孩子懂得“给予是快乐的”并营造环境让孩子去体验。告诉孩子要关心身边的小伙伴；帮父母做一些力所能及的家务；支持孩子援助失学的孩童等。让他们明白：当客人来时，可递上一杯透着浓浓情谊的热茶；当劳累了一天的父母回家时，要热情地伸出你的双手……

教子良方

第1招：认识到孩子不会关心他人的原因

孩子不懂得关心他人，很重要的一个原因就是孩子的自我中心意识过重，而这种过重的自我中心意识往往来源于父母对孩子过分的迁就和溺爱，什么事都依着他，什么东西都让给他，家里所有的人都围着他转，这样必然就养成他“心中没有他人，只有自己”的自我中心意识。

第2招：告诉孩子人人平等，要学会关心他人

告诉孩子，你没有什么特权，你喜欢的东西别人也喜欢，你不喜欢的东西别人一样不喜欢。所以，自己喜欢的东西就要与人分享，自

己不喜欢的东西，就不要强加于人。另外，还要为孩子提供与人交往的机会，让他在与成人和伙伴交往的过程中正确认识自己和他人的关系，学会从他人的角度看问题，学会关心他人。

第 3 招：教给孩子一些关心他人的具体方法

孩子有时也懂得关心他人、孝敬父母，但他们往往不知道该如何去做。因此，妈妈要教给他们具体的方法，譬如：妈妈下班回家，帮妈妈拿双拖鞋；有好东西分给大家吃；帮妈妈做家务；把好玩的玩具分给小朋友玩等，都是关心别人，爱妈妈的表现。

第 4 招：给孩子提供关心他人的机会

妈妈要在日常生活中给孩子提供关心他人的机会，如打扫卫生时让他帮忙挪动桌椅；工作劳累时让他帮忙揉揉肩膀捶捶背；购物时大包小包的也可以分一两个让他拿；买了好吃的东西也要从他那儿分一点来吃等，从这些生活小事中让孩子慢慢养成关心他人的好习惯。

第 5 招：妈妈是孩子的榜样，引导孩子选择正确的方向

孩子是一张白纸，看见什么就吸收什么，而妈妈则是孩子最好的老师。如果妈妈只是关心自己，那么孩子也学会自私，如果妈妈能够时刻留意身边人的感受，必要时伸出援助之手，那么孩子也一定能学会关心别人、乐于助人。

走出生活圈，广交好朋友

一个人要想拥有良好的人际交往能力，在幼儿时期就要开始培养。这样不仅有利于发展孩子的社会性，还有利于孩子形成健康的心理，为今后的成功打下基础。

在生活中，我们常常看到一些很有才华的小孩子，由于处于一个封闭、孤独的环境而不善于与人交往，长大以后，一直“怀才不遇”，自感“英雄无用武之地”，不仅才华得不到发挥，而且一生总是不顺；而那些很善于处理人际关系的孩子，因为受到大家的欢迎，才能得到充分的发挥，自己也感到很快乐。可见，交际能力是人生必备的一种能力。

小键是个聪明伶俐、善于交往的孩子。在游戏中，他能巧妙地处理好与伙伴的关系。一次，小健和几个小朋友一起玩“开汽车”，他很想当司机，但是涛涛已经坐在了司机的位置上，怎么办？总不能把伙伴从司机的位置上推下来呀！聪明的小健找来一块硬纸板，上面订了几叠“车票”，他拿着“票本”对涛涛说：“你看，这个票本多漂亮！”涛涛一见漂亮的票本和小健那兴奋得意的神情，马上被“售票员”的工作吸引住了，对小健说：“我当售票员吧？”“行，你来当售票员，我当司机！”小健爽快地答应着，把票本递给涛涛，高高兴兴地坐到司机的座位上。这样，他当上了司机，同时也使同伴感到高兴，当然也没有出现争吵的现象。

其实，小健并不是天生下来就会与人交往的，和其他孩子一样，开始时他也不知道怎样与别人打交道，也想依赖大人的力量去打通和小朋友交往的途径。但是，小健的妈妈并不替孩子去交友，而是鼓励、支持小健自己去交友。

有一次，妈妈领着小健在楼下散步，看见几个小朋友在一起玩球。他羡慕地看着那些扔球的孩子，拉拉妈妈的衣角说：“妈妈，我也想扔球玩！”妈妈说：“好呀，你自己去说。”小健怯生生地走到那几个小朋友面前，用小得连自己也听不到的声音说：“我也想扔球！”见别人没有反应，小健便跑回到妈妈身边，央告妈妈：“妈妈，你去跟他们说嘛！”妈妈笑了笑，鼓励孩子：“你会说，这次声音大点。”

小健鼓足勇气，又来到小朋友面前：“我想和你们一起扔球玩。”声音比第一次大了点。但是，不知是玩球的孩子没听见小健的话，还是玩兴正浓，顾不上答理他，小健的话仍然没有引起反应。小健失望地回到妈妈的身边。在这时，皮球滚了过来，妈妈悄声对小健说：“快去帮助拾球！”小健会意了，急忙拾起球，跑到孩子们中间，把球还给他们，并大声说：“我和你们一起玩球吧！”“欢迎，欢迎！”小健的友好举动引起小朋友的好感，他终于凭借自己的力量加入到伙伴的游戏行列中。

小健的交际本领与妈妈对他的培养是分不开的。小健的妈妈深知要让孩子立足于社会，不仅要让孩子具有丰富的知识、发达的智力，而且还要培养孩子健全的人格，其中重要的一点就是要让他学会与人交往。因此，好妈妈要想培养和提高孩子的交往能力，就要向小健的妈妈学习。

教子良方

第 1 招：为孩子创设与同伴交往的条件

在孩子很小的时候，妈妈可以让他和别的孩子一起玩耍，还应支持他把同伴领回家一起玩玩具、看图书、做游戏。给孩子买了新的玩具时，妈妈可提醒孩子请邻居家的小朋友来一起玩。当有别的小朋友上门来玩耍时，妈妈还应提醒孩子拿出好吃的东西招待，让孩子有充分的时间和小朋友们一起交往，得到更多的交往机会，在玩耍、打闹中，孩子可以获得与同伴交往的乐趣，并形成乐于与同伴交往的活泼开朗的性格。

第 2 招：教育孩子学会协商、让步和宽容

人际交往是双方互动的过程，妈妈要注意教育孩子在与人交往中

学会请求、协商、让步与宽容，学会照顾他人的利益与需要。例如，有礼貌地请求别人："我想和你们一起摆积木，行吗?"和同伴提出互惠条件："我让你玩我的小火车，你把你的小轮船借我玩，好不好?"向同伴让步："今天让你先玩这盒新积木，明天我再玩。"这样才能使交往顺利进行。

第 3 招：在交往中学会尊重他人

好妈妈要让孩子在交往中学会尊重别人，平等待人，学会使用礼貌用语："请""谢谢""对不起"等。告诉孩子，只有懂得礼貌的人，别人才愿意和他一起玩耍，也才肯把心爱的玩具给他玩。

第 4 招：遵守规则的人更讨人喜欢

妈妈要告诉孩子，在交往中，只有自觉遵守集体规则的人，才能得到大家的喜爱，也才会有更多的朋友和他一起玩。妈妈还要教孩子做一个认真的倾听者，因为倾听是了解别人，把握双方心理感受的最有效的手段。

第 5 招：从生活小事中锻炼孩子

交际能力的培养不是一朝一夕、立竿见影的事情，需要做妈妈的用耐心和爱心来对待孩子，抓住日常生活中的教育时机，使教育过程成为孩子们缤纷生活的组成部分。

让男孩多参加一些集体活动

限制孩子的交友权既影响孩子的交往能力，也不利于孩子良好意志品质的形成，还会造成孩子长大后不能适应复杂的社会生活，产生自卑、抑郁、厌世等不良心理。

一个人的个性总是在特定的社会环境下，通过与他人的交往逐步形成。人们兴趣的培养，情绪的控制和能力的发展，都离不开交往。交往让孩子有了更多的学习各种知识并获得社会经验的机会。哈里哈洛博士曾通过实验证明：让孩子多与外界接触和交流，不但可以促进孩子的智能发展，同时也有利于培养他们的协调性和社会性。

小杜是一个性格温顺内向、成绩优异的好孩子，可他在学校里却总喜欢一个人独来独往，几乎没有什么朋友。

原来，小杜的这种情况与他妈妈的教育方式有着极大的原因。在小杜还很小的时候，妈妈嫌外面空气污染严重，就很少抱孩子出门玩。再往后抱着小杜出门的时候，妈妈也不太愿意让别人碰孩子，一怕孩子沾染上细菌，二怕孩子以后没有警惕性，被陌生人拐跑。这样做的结果就是小杜见到陌生人常常吓得哇哇大哭。待到小杜五六岁的时候，妈妈又怕小杜跟着别的孩子学坏样，除了上学外，回到家一般情况下都不让他出门去玩。

妈妈的做法，使小杜从小就养成喜欢自己一个人玩的习惯，平时总喜欢自己待在家里玩，很少出去。在幼儿园里虽然偶尔也愿意跟小朋友一起玩，但玩一会儿很快就吵翻了。上学以后，小杜对周围的环境极不适应，总是一个人坐在角落发呆，不爱参加集体游戏，而同学们也觉得他是个“怪人”，不愿与他亲近。妈妈原本认为，随着年龄增长，孩子会慢慢学会与他人交往。但现在看，小杜虽然都上四年级了，但依然没有改正一个人独来独往的习惯，没有要好的朋友，也很少与同学交往。

有些妈妈过多地限制孩子与外界接触，甚至把其禁闭在家。这种过分照顾、过分疼爱、过分保护的方式，剥夺了他们与人交往的机会，完全隔断了孩子与外界的接触和交流，使孩子依赖、胆小，对新环境难以适应，与人交往则显得十分笨拙。

教子良方

第 1 招：鼓励孩子结交新朋友

孩子需要朋友，孩童时代的友谊是非常珍贵的。朋友的缺失不仅使孩子的童年极为孤独，而且对孩子的身心健康极为不利。因此，作为好妈妈，不要剥夺孩子的交友权，而应鼓励孩子多与他人交往，培养孩子团结友爱、协作互助的良好习惯和健康的心灵。

第 2 招：为孩子创造交往机会

妈妈要为孩子交友牵线搭桥。例如，请朋友、邻居家小朋友到家里来一起玩，为孩子创造与小朋友相处的机会。刚开始时，最好先把性格比较内向的孩子请到家里来。因为内向的孩子和外向的孩子在一起时，容易产生自卑感，经常会冷冷地在一旁观看，不积极参加游戏。因此，应当等自己的孩子在和内向的孩子的交往中产生了愉快体验之后，再扩大交往，过渡到和外向的孩子一起玩。

第 3 招：鼓励孩子走出家门

交往的技能只有在与人交往中才能学会。妈妈应该尽可能地为孩子打开生活空间，鼓励孩子走出家门，广交朋友，如参加夏令营等各种各样的集体活动，这些都是很好的培训孩子交际能力的场所。

第 4 招：鼓励孩子多参加集体活动

参加集体活动是提高交往能力的重要途径。孩子在集体活动中，不仅可以结识许多的小伙伴，还可以在了解他人的基础上了解自己，学会用集体交往的规则调节自己的言行，学会尊重他人、信任他人、谅解他人、乐于助人，学会调节集体和个人的关系。

第 5 招：引导孩子健康交友

孩提时期是人的一生中掌握交友技能的最佳时期，好妈妈在这一时期应当积极引导孩子健康交友，而不应对其交友权进行剥夺。

在合作中锻炼孩子，提高交往能力

在人际交往中，一个男孩子除了要善于表现自己，还要善于与人合作。在未来的社会中，如果一个人只知表现自己，却不善于与人合作，那么他的路就会越走越窄。

合作是现代人的一项基本素质与品格。如果一个人不能与人真诚合作，他就难以成功。要知道，未来的社会是一个充满激烈竞争的社会，这种社会需要的是一种“复合型”人才。不仅要求具有丰富的科学知识和较高技能，还必须有良好的心理素质，还要具有独立人格，自强自信，敢于拼搏，勇于创造，有合作意识和竞争意识。

现在很多孩子的合作精神非常差，尤其是现在很多年轻的妈妈从小就给孩子灌输处处要争第一、抢先机的思想。在这种教育方式下，许多孩子变得心胸狭窄、自私，嫉妒心强，无法与人合作。

在人际交往中，一个男孩子除了要善于表现自己，还要善于与人合作。在未来的社会中，如果一个人只知表现自己，却不善于与人合作，那么他的路就会越走越窄。

小海是非常不错的孩子，他不但学习好，还挺有创新精神。在与小朋友玩耍时，他总是能想出很多好玩的游戏。但是小海有一个缺点，那就是不懂得合作，在做游戏时，他总是凭着自己聪明能干，老是独断专行。弄得许多小朋友都不愿意跟他玩。渐渐地，小海失去了很多朋友，脾气也变得急躁起来。

面对这种情况，小海的妈妈跟小海讲了很多与人交往要懂得合作的道理。可小海就是听不进去，依然我行我素。无奈之下，小海的妈妈只好找到小海的班主任请她帮忙。老师回想起小海平时确实与同学之间相处得不太融洽，于是答应小海妈妈要好好给他上一课，好让小海明白与人合作的重要性。

第二天，上自习课的时候，老师对孩子们说，这一节课他们要来做一个有意思的游戏，说完老师特意让小海站到讲台上，让他伸出自己的手，分别谈一下每根手指的优势和长处。小海说道："大拇指可以用来赞扬别人，食指可以用来指示事物，小指可以用来勾东西，中指……"不等小海把话说完，台下的学生纷纷帮他说了许多每个手指的其他优势。

这时，老师笑眯眯地拿出一只玻璃杯，只见玻璃杯里面有几个玻璃球。老师对大家说："现在，请你们把玻璃球从玻璃杯里取出来，每个同学都有一次机会。你们可以用你们认为最有本事的那个手指把玻璃球从杯子里取出来！记住，只能用一个手指。"

孩子们的热情被老师鼓舞起来了，教室里的气氛非常热烈。每个同学都认真地走上去，用他们的手指去取玻璃球。但是，不管他们怎么努力，玻璃球就是取不出来。孩子们一个个都很着急。

这时，老师再次对孩子们说："好了，你们可以邀请另外一个手指与原来那个手指合作，一起来取玻璃球。"这次，孩子们都成功地把玻璃球取了出来。

游戏做完了，老师对孩子们说："现在你们应该明白了，一个人无论有多大的才能，他总有无法独立完成的事情，人与人的合作是多么的重要。"

通过这个游戏，小海深切地体会到与人合作的重要性。从此以后，无论是与小朋友玩耍时，还是在与同学们共同完成老师布置的任务时，小海都能很好地与人进行合作。渐渐地，小海的朋友多了起来，小海的性格也变得开朗了，他再也不是以前那个独断专行的“小霸王”了。

小海的老师通过一个好玩的游戏，教会了学生们合作的重要性。如果用一根手指，根本无法完成任务，而如果用两根手指配合，就可以很轻松地把玻璃球取出来。这是因为，合作的力量往往是非常强大的。

在这个充满竞争的社会，让孩子学会合作是十分有必要的。欧洲心理学家阿德勒曾经说过：“假使一个儿童未曾学会合作之道，他必然走向孤僻之道，并产生牢固的自卑情绪。”所以，作为一个好妈妈，必须重视从小培养孩子的合作能力。

教子良方

第 1 招：让孩子学会悦纳别人

所谓悦纳别人，是指自己从内心深处真正地愿意接受别人。“金无足赤，人无完人”，要告诉孩子不能因为别人有这个缺点或那个毛病，就嫌弃他、疏远他。为此，妈妈还要教育孩子多看并善于发现别人的长处，并诚心诚意地加以赞美，而不是采取一种“不承认主义”。妈妈自己平时在工作和生活中，也应坚持这种态度来对待他人，成为孩子的表率。

第 2 招：让孩子懂得与人合作的重要性

在日常生活中，有许多行为必须要两个或两个以上的人合作才能完成，光凭一个人的力量是无法做到的。妈妈可以利用这种机会让孩子体验一下个人无法完成的挫折感，从而让孩子懂得与人合作的重要性。

第 3 招：让孩子体验合作的乐趣

成功的合作可以让孩子产生良好的体验，这种体验能够带给孩子无穷的乐趣，进而促进孩子的合作意识和合作行为。在生活中，妈妈可以给孩子设置一些合作竞赛，让孩子尽力通过合作去完成任务。这样，每个参与者都会尽自己最大的努力，同时也会充分感受到合作成功的喜悦。

第 4 招：让孩子学会在合作中竞争，在竞争中合作

竞争具有一种神奇的力量，能够调动孩子的积极性，激发孩子的上进心。但是，很多孩子扭曲了竞争的含义，把对手当成了敌人。因此，作为妈妈，要引导孩子拥有正确的竞争心理。其他同学虽是学习上竞争的对手，但也要互相帮助，取长补短，才会进步得更快。

第 5 招：让孩子了解一些合作的规则与技巧

在合作中既要尊重对方，服从大局，讲统一，又要有自己的立场，容忍是有尺度的。也就是说，在合作过程中不能唯我独尊，只想着自己，要充分顾及他人的要求与需要。必要时，甚至作出一定的让步与牺牲。与此同时，迁就与让步是有限度的，不能放弃自己的原则，在合作中要有自己的立场与个性，要知道取得同伴的信任与尊重是合作成功的前提。

第 6 招：言传身教，给孩子作好榜样

妈妈是孩子行为最直接的模仿对象。妈妈与爸爸之间、与长辈之间是否能够互相配合，进行很好的分工合作，会对孩子产生直接的影响。妈妈应在生活中发挥合作的精神，并鼓励孩子学会与其他小朋友合作。

先尊重别人才能得到别人的尊重

一个人在与别人交往中如果能很好地了解别人、尊重别人，那么他一定会得到别人百倍的理解和尊重。不尊重别人的人，别人也就不会尊重他，甚至不可能信任他。这样，人际关系之间就会有许多摩擦，就会失去许多的朋友，就会在人生的路上失去许多帮助和支持。

尊重，是一种修养、一种品格，是一个人待人接物的态度所折射出的教养。在社会活动中，人与人之间关系的疏密亲善，决定因素是彼此间要相互尊重。只有懂得尊重别人的人，才有资格赢得别人的尊重。

但在生活中，我们常常看到一些孩子不尊重人的行为。例如，老师在课堂上辛勤地授课，孩子却在下面做小动作；大人们谈话时，有的孩子总是在一旁插嘴，打断大人的谈话等。

不久前，妈妈带桐桐去参加一个聚会。整个下午，这个5岁的孩子让妈妈劳神费力。当妈妈和朋友们聊天时，桐桐不断嚷着要喝苹果汁。妈妈让他稍等一会儿，但桐桐一分钟也不能等待，马上大喊大叫起来。妈妈轻声制止他的无理乱叫，他却叫喊着要妈妈“闭嘴”。对儿子的这种行为，妈妈深感吃惊。事实上，平时在家里桐桐也会偶尔对妈妈表现出不尊重，妈妈没有在意。但是，桐桐这次在聚会上的表现，却让妈妈认识到了事情的严重性，并开始反思自己在哪些方面做得不够，才导致儿子如此无理的行为。

在生活中，有的孩子不尊重别人还表现在喜欢叫别人外号，见到残疾人会上前围观，见到别人陷入困境会加以嘲笑，看到别人倒霉会幸灾乐祸。他们这样做，有时是因为想看热闹、好奇，有时只想开个玩笑，有时则只是盲目地跟着别的孩子做。他们并不知道这样做是不尊重别人，更没有意识到他们这样做会伤害别人的心灵。

六年级的学生小可对他的好朋友说："你黑得像掉进煤堆里，我们都找不到。"小可的这句玩笑话不仅伤害了好朋友的自尊心，自己也付出了代价。好朋友不仅用拳头打伤了他的眼睛，而且还宣布与他绝交。

可见，尊重别人，也是人际交往中的重点。一个人在与别人交往时如果能尊重别人，那么他一定会得到别人百倍的理解和尊重。不尊重别人的人，别人也就不会尊重他，甚至不可能信任他。这样一来，在交往中就会产生许多摩擦，甚至会失去许多的朋友。

尊重别人是孩子必须具备的一种品德。只有懂得尊重别人的孩子，才可能正视别人的意见，才有可能接受别人的建议。不尊重别人，就没有人愿意指点他、教育他。别人对他提出的忠告，他也决不会听进去。这样的孩子很难得到进步，很可能与社会处于一种隔离状态。因此，尊重别人不是一件小事情，好妈妈要让孩子从小就学会尊重别人。

教子良方

第 1 招：妈妈应该尊重孩子

英国著名教育家斯宾塞说过："野蛮产生野蛮、仁爱产生仁爱，这就是真理。”对待儿童没有同情，他们就变得没有同情。而以应有的友情对待他们，就是一个培养他们友情的手段。也就是说，以应有的尊重对待孩子，孩子才会懂得尊重。

第 2 招：妈妈要处处尊重别人，成为孩子的榜样

有的妈妈喜欢在背后议论别人，嘲笑别人的短处，这样只会给孩子留下不尊重别人的榜样。妈妈不尊重别人的行为会给孩子带来不良的影响，如果做妈妈的想让孩子成为一个受欢迎的人，就必须身体力行，在尊重孩子的过程中让孩子学会尊重他人。

第 3 招：让孩子学会用尊重的语气说话

有的妈妈认为，自我表达能力是孩子不可缺失的，便允许孩子用大哭大闹的手段来发泄情绪。其实，孩子在顶撞了长辈后会感到愧疚甚至害怕。如果大人对孩子的无理行为无动于衷，渐渐地孩子就不再关心自己的行为是否影响到了别人。同时，要明确地向孩子表达“应尊重他人”的想法，要跟孩子说“我不喜欢你用语言去伤害别人”或“应为你说过的伤人的话道歉”等。

第 4 招：让孩子尝到不尊重人的后果

一般情况下，当孩子出现不尊重人的举动时应及时给予惩罚。如果当时的情况不允许，也应让他稍后体会到不尊重人的后果。例如：“你今天说了不尊重人的话，今晚就不能看动画片了。”妈妈在行使惩戒职能时，一定要做到言而有信。

第 5 招：学会换位思考

好妈妈要教孩子学会设身处地地站在他人的立场上看问题，善于了解他人的心理感受。只有尊重他人、关爱他人，才能激发他人对你的尊重和友爱。

学会倾听，赢得尊重

世界上每个人都有渴望理解、渴望尊重的心理需要，希望自己被别人欣赏，被别人承认有价值。如果这种需要在人际交往中得不到满足，人们的自尊就会受到伤害，自信心也会发生动摇，还会产生反感和抵触心理。因此，在社会交往活动中，我们应该尽量地去满足对方的这种心理需要。

人们总是认为自己的声音是最重要的、最动听的，并且人人都有迫不及待表达自己的愿望。在这种情况下，一个好的倾听者自然会成为最受欢迎的人。有人说，上帝给我们两只耳朵、一张嘴巴，就是希望我们能多听少说。

《三国演义》中庞统初投刘备时，刘备见他容貌丑陋，举止平凡，也不多问就打发他到一小县，当时的丰阳县当县令。庞统原想凭自己的才学打动刘备，见刘备如此冷淡，也不便多说，只得勉强应允赴任。但他上任百余日里，终日以酒为友，不理政务，一应钱粮诉讼，概不理会。不久，张飞奉旨巡视荆南诸县，来到丰阳听到对庞统的反映后，勃然大怒，痛斥庞统亵渎职守，荒废政务。庞统却从容答道："百里山县，些小公事，何难决断！将军稍坐，待我发落。"张飞一反平时的暴躁脾气静坐一旁，细心观察，耐心倾听。只见众小吏将百余日积压的公务案卷全都搬出，诉讼被告人等也全部环跪阶下。庞统眼看耳听，口中发落，手下批判，曲直分明，无分毫差错，百姓皆叩首拜服。不到半日，数月所积公事全部了断。张飞见状大惊，忙起身向庞统道歉说："先生大才，小子失敬!"后来，张飞向刘备极力举荐，刘备于是又多了一位高明的谋士。

张飞原本是个性情急躁刚烈异常的人，然而在庞统的问题上，他却表现了耐心细致、善于倾听的一面，从而为刘备物色推荐了一位十分难得的人才。从这个故事中，我们可以了解到，世界上每个人都渴望理解、渴望尊重，希望自己被别人欣赏、被别人认可。如果这种需要在人际交往中得不到满足，人们的自尊就会受到伤害，自信心也会发生动摇，还会对对方产生反感和抵触心理。因此，在社会交往活动中，我们应该尽量地去满足对方的这种心理需要。

我们知道，一个善于倾听的人无论走到哪里都会受到欢迎，一个不善于倾听的人则可能到处碰壁。生活实践证明，经常专注而有耐心地倾听别人说话的人，容易得到别人的友谊和尊重，容易同周围的人建立良好的人际关系。

小辉是一个少言寡语的男孩，他从不张扬自己，长相也一般，穿着朴素，好像没有什么个性，说起话来也是慢条斯理。但是，这个看起来性格内向的小男孩却并不像其他内向的孩子一样孤独，因为他拥有很多的朋友。大家都很喜欢和他交往，有了什么不顺心的事情首先想到的也是要向他诉一诉。

这个内向的男孩子的优点在哪里呢？怎么有这么多人喜欢他？其中的奥秘就是：他是一个善于倾听者。在与别人交往的过程中，多数时候是别人在滔滔不绝，小辉在默默地聆听，对别人的观点不时地点头给予认可、支持或同情。小辉很少插言，所有能表达他思想的是那张始终带着平淡微笑的面孔。就是这样一张面孔，往往使朋友们找到了自信，找回了自我，找到了安慰，找到了归属。于是，大家都愿意和他做朋友。

认真地倾听，还是人际交往中具有谦逊美德和良好修养的表现。这是因为，一个人要做到认真倾听，首先必须待人真诚，谦虚有礼。一个能够静静地坐下来聆听别人意见的人，肯定是一个心胸宽阔、真诚待人的人。这种人自然也会受到别人的尊重，因为他谦和虚心，具有良好的修养。

教子良方

第 1 招：妈妈要树立榜样

妈妈的一举一动都会带给孩子潜移默化的影响。当你要求孩子养成倾听的好习惯时，妈妈首先要做一个耐心、专心、悉心的倾听者。当孩子跟妈妈说话的时候，妈妈要专心倾听，不要做其他事；也不要轻易打断孩子，一定要让孩子把话说完，其间妈妈也可以进行适当的指导和适度的评价。妈妈只有全身心地听孩子说话，成为孩子的忠实听众，才能给孩子树立起榜样。

第 2 招：教给孩子倾听的方法

让孩子学会倾听就要做到“四心”，即：一要专心，无论是听老师讲课，还是听大人说话，都要听清老师或大人说的每一句话，脑子里不想其他事；二要耐心，不随便插嘴，要听完别人的话，才发表自己的意见；三要虚心，当别人提出与自己不同的意见时，要能虚心接受，边听边修正自己的观点；四要用心，在听取他人意见时不能盲从，要有选择地接受。

第 3 招：对孩子认真倾听的行为给予表扬

每个孩子都希望得到妈妈的肯定与表扬，所以在“听”的培养中，妈妈千万不要吝啬你的赞扬，一个眼神、一个微笑、一句赞扬，不花时间、不费力气，就能收到明显的教育效果。因此，好妈妈要善于发现孩子的闪光点，用真诚的话语鼓励他倾听。

第 4 招：倾听是人际交往的金钥匙

倾听，是人际交往的基础，也是赢得良好关系的金钥匙。孩子要与人融洽相处，流畅地交流，必须要先学会倾听。培养孩子的倾听能力，使孩子养成良好的倾听习惯会对他的人生产生不可估量的作用。

第四章

爱上学习，其实是件很快乐的事

学习可以改变孩子一生的命运，但学习是件很枯躁的事情，一时的学习热情在漫长的学习生涯中会慢慢消散，并产生厌烦心理。但如果能让孩子在学习中找到兴趣，让孩子在愉快的氛围中收获知识，那么，孩子就会把学习当成是一件非常快乐的事情。所以，好妈妈应该在培养孩子的学习兴趣上多下些功夫。

激发男孩学习的求知欲

当孩子有求知欲时，千万不要认为孩子小就忽视孩子的求知欲，妈妈应予以积极的配合。如果你忽视了这一点，很可能就错失了孩子最好的教育黄金期；你的不理睬，很可能就扼杀了孩子刚萌芽的求知欲。

求知欲，是指人们对未知事物所产生的一种强烈的认知欲望，是人们主动探索和独立思考的一种能力。求知欲是孩子学习的最大动力，有了这种动力，他就会如饥似渴地去汲取知识的养分，学习对于他来说就变成了最大的乐趣、最愿意做的事。

一个孩子，当他的求知欲没有得到满足，他就没有成功的喜悦，求知欲就会减弱，且怠于学习。如果他的求知欲不断得到满足，而且不断得到肯定性评价时，他就会有愉快的心理体验，他的求知欲就越来越强烈，学习态度就越来越端正。

帆帆5岁时，就非常酷爱书。星期天，妈妈带着帆帆出去逛街，并说好了只给帆帆买他最爱吃的铁板鱿鱼。经过公园门口时，旁边有个小商店，里面卖的东西很杂，有生活用品、小饰品、学习用品，还有一些童话故事书之类的。妈妈便牵着帆帆进去逛了逛，帆帆看到书就不肯走了，要妈妈给他买。虽然妈妈经常会给帆帆买各种益智玩具，但是从来没有给他买过书。妈妈认为帆帆还太小，没必要那么早就被书本缠住。于是，妈妈跟帆帆说："妈妈今天只带了买铁板鱿鱼的钱，买了书就没有钱吃铁板鱿鱼了。"帆帆却很坚决地说："那我就不吃铁板鱿鱼，我就是要买书。”妈妈看到帆帆一脸的倔强和渴望，稍作犹豫，便给他买了书。当然，最后铁板鱿鱼也还是给他买了。

从那以后，帆帆对书本的渴望越来越厉害，每次新书买回来，就缠着妈妈给他讲，妈妈讲完了他再慢慢看。去超市，他首先去的是图书区，不给他买几本他就不肯走。到了上小学的时候，帆帆已经能认识很多字了，买的书也越来越多，帆帆学习的兴趣也越来越浓了，各方面的知识都比同龄的孩子要多，学习成绩也一直名列前茅。帆帆的妈妈也很庆幸自己当初没有一意孤行地扼杀孩子刚萌芽的求知欲。

当孩子有求知欲时，千万不要认为孩子小就忽视孩子的求知欲，妈妈应予以积极的配合。如果你忽视了，很可能就错失了孩子最好的教育黄金期；你的不理睬，很可能就扼杀了孩子刚萌芽的求知欲。作为好妈妈，我们应该尽可能地满足孩子的求知欲，努力帮助孩子不断获得新的知识，鼓励孩子对未知世界的探索精神。

对于已经身为人母的你，小时候是不是也曾有过这样的经历：天真地问父母一些自以为很重要的问题，他们却爱理不理，觉得幼稚，没有必要回答，于是自己便会很失望，尤其是当父母在做别的事情时，根本不会理会自己；还有的是一直以来都把从父母那里得到的答案当作真理相信，却在长大一些之后猛然发现那根本就是父母为了敷衍自己而编出来的，心里多少会有些被愚弄的感觉；或者因为提问打扰了父母的工作，或者问题使父母觉得不快而遭到喝斥，更是会难过很久。

孩子处于最具有好奇心的年纪，他们会因为被大人拒绝或者愚弄，甚至斥责而失去自信，认为自己的行为是错误的，从而丧失了探索知识的动力。以后，即使在学校，他们也会或多或少地排斥提问。

教子良方

第 1 招：要保护孩子自然流露出的好奇心

妈妈要保护孩子自然流露出的好奇心，对他的提问、质疑、探索，甚至不同意见给予支持和鼓励，为孩子表现好奇心和满足好奇心提供机会。保护孩子旺盛的求知欲，一方面要引导孩子发现问题，另一方面要支持孩子随时提出问题，哪怕是看起来很怪很傻的问题。

第 2 招：给孩子一个认真的答复

好奇心是孩子的天性，生活中大人们看起来很平常的事，孩子也会问个不停。这时，妈妈千万不要感到厌烦，孩子好问是好事，说明他有强烈的求知欲，千万不要打击孩子的好奇心。孩子只有在重视和仰慕成年人的时候，才会提出问题。如果因此受到伤害，会让他们觉得求知不仅不会为自己带来好处，反而会造成别人的不快，便会失去对求知的渴求。尊重孩子的问题，给孩子一个认真的答复，不仅可以让孩子学到知识，而且可以密切亲子关系，让孩子更加信赖你。

第 3 招：不要敷衍孩子的问题

如果不能马上回答孩子的问题，应该把问题记下来，并尽快把答案告诉孩子，以此鼓励孩子的好问。千万不要因为孩子的问题太过幼稚而嘲笑或者敷衍孩子，这样会使孩子渐渐失去提问的兴趣。告诉他们“等一下再告诉你”“让我先考虑一下”，承认自己无法回答不是什么羞耻的事情。这样可以让孩子知道自己没有被忽略，得到了应有的尊重。同时，也可以让孩子学会等待和谅解他人。

活到老学到老，学习是一辈子的事

学习是一件非常辛苦的事，也是一件需要持久的事。所以，人们常说学贵有恒，也因此荀子写下了“骐骥一跃，不能十步；驽马十驾，功在不舍”的传世名言。

在培养孩子学习的持久力方面，家长方女士是这样教育儿子的。有一天，方女士对7岁的儿子说：“来，妈妈给你讲个好听的故事！”然后，她就讲了“只要功夫深，铁杵磨成针”的故事。

李白小的时候非常贪玩，不用功读书。有一天，他到野外游玩，见到河边有位白发苍苍的老婆婆，手里拿着一根大铁棒，在石头上用力磨着。李白很奇怪，就上前问道：“老婆婆，您这是在干什么呀？”

老婆婆一边磨铁棒，一边回答说：“我想把它磨成一根绣花针。”

李白被老婆婆的行为所感动，向她深深行了个礼，回家持之以恒地学习去了。最终，他成为中国诗坛上有名的诗仙。

想要一口吃成一个胖子是不可能的，凡事需要一个积累的过程。学习同样如此，没有人能够一天就学到所有的知识，成为伟大的学者。想要成为知识渊博的人，就需要有持之以恒的学习精神。

常言道：“水滴石穿。”说的就是一种坚持、一种韧劲。如果妈妈在孩子小的时候，培养他这种坚持力和韧劲，让孩子养成持之以恒的学习态度，那么孩子将终生受益。

有个男孩8岁的时候跟师傅学习书法，他聪明好学，每天都要伏案练字。可是，时间一长，他有点儿沉不住气了，感到厌烦，想走捷径，就问师傅学书法有什么秘诀。师傅闭口不答，男孩莫名其妙。回到家里，他问妈妈："妈妈，学习书法有什么秘诀吗？我想一下子就能学到书法的精髓。"

妈妈笑着说："孩子，学习是一个过程，没有人能一下子学到所有的精髓。你师傅的书法写得那么好，是因为他坚持学习、练习了几十年。而你才刚学习不久，如果你想写出师傅那样的好字，你也应该保持一颗恒心，坚持学习下去。"

男孩懂了，他知道学习不可以急功近利。从那以后，他再也不问师傅学书法的秘诀，他默默地练字，十年如一日，最终成为了一位有名的书法家。

生活中，不乏天资聪明的男孩，可是他们在班里成绩并非最好的，为什么呢？因为他们学习的持久力和专注度不够。他们自恃聪明，所以学习的时候不专心；他们自认为学到了很多知识，所以不屑于持之以恒地学习。这样一来，他们就会不进则退，所以在竞争中便失去了优势。

身为母亲，如果你家男孩身上也存在这些问题，那么务必引起重视。不然的话，就算孩子的天赋再高，也难以有所成就。

宋代著名诗人王安石笔下的方仲永，生来天资聪颖，六七岁时就能够吟诗作文，并且别人指定物品让他写诗也能立刻完成，诗的文采和道理都有值得观赏的地方。一时之间，乡里乡亲都请他们父子二人到家里做客，并求诗文。

方仲永的父母觉得有利可图，便不让仲永学习了，天天带着他四处拜访同县的人。等方仲永十二三岁时。王安石让他作诗，他写出来的诗已经不像样了。再过七年的时候，方仲永的才能已经消失，完全如同常人了。由此可见，生来聪慧的孩子，如果中断学习，他先前的才华，也只能是昙花一现，他也只能平庸地终老一生。

培养男孩持之以恒的学习习惯，可以从孩子的兴趣爱好开始培养。因为孩子的好奇心比较重，见什么喜欢什么，见什么想学什么，但是常常不能持久。所以，培养孩子的持之以恒，可以从他们的兴趣爱好做起。

9岁的大伟和妈妈去阿姨家做客，发现阿姨家的钢琴挺好玩的，于是就要学钢琴。妈妈针对他以前学美术时耐性不够的缺点，一开始并没有答应他，只是常带他去看别的孩子弹琴，让他感受练琴时的辛苦和枯燥，让他知道练琴所需要的耐性和坚持。

除了这些，妈妈还给大伟讲了好多名人持之以恒成功的事例，并且告诉他如果想和钢琴家一样能弹出优美动听的旋律就得付出代价。

接下来妈妈告诉大伟，如果要学就要坚持不懈，不能遇到困难就退缩。大伟经过三天的考虑，答应了妈妈。妈妈知道大伟是很认真的，是经过深刻的思考才做出的决定。为了防止他坚持不下去，妈妈以身作则，每次都坚持同他一起去学，时常给他鼓励。遇到有难度的曲子时，还和他一起练，和他比赛，看谁能先学会弹。

当大伟学到四手联弹时，妈妈就和他比谁的音阶和节奏最准，比谁的手型最好看。在学歌曲时，就让他自弹自唱，每次还为他评分，让他有一种演奏家的满足感。

就这样从始至终，大伟对钢琴都怀着极浓厚的兴趣，每周到老师家里学琴都很积极，每次都迫不及待地要求老师检查功课。正如老师所讲，大伟是他所教学生中对钢琴最有兴趣、完成功课最好且一直能坚持下去的一个。

由此可见，在培养孩子持之以恒的学习习惯时，要将孩子的兴趣联系起来。有了兴趣，孩子就有学习的热情，也才能快乐地学习。

教子良方

第 1 招：教孩子正确地对待学习中的挫折和困难

在学习过程中难免会遇到挫折，一次考试的失利抑或一道难题，都是成功的绊脚石。告诉孩子学习是需要打持久战的，不可轻言放弃。犯错和挫折是走向成功的一种考验，如果能以积极的心态去克服它们，就能让自己变得更加成熟，学到更多的知识。

第 2 招：让孩子在学习中戒骄戒躁

有些男孩取得了一些成绩，就开始洋洋自得，认为自己很了不起。这种骄傲的心态，是持久学习的大忌。因为人一旦骄傲，就会变得不能脚踏实地，听不进别人的意见，认识不到自己的缺点，甚至还会不屑于老师的教导。

第 3 招：让孩子在学习中体验快乐

学习其实很快乐，因为学到知识而解决了生活中的困难，因为积累了很多词句而写出很棒的作文，利用所学让自己拥有满满的成就感。所以，妈妈应该让孩子学以致用，经常向孩子请教一些简单的问题，这样孩子就能感觉到学习的用处，体会到学习的快乐。

要正面回答孩子的提问

作为一个好妈妈，千万不要忽视孩子的提问，尤其是与学习有关的一些问题，我们更是要认真对待。如果做妈妈的对孩子的有关学习方面的提问都表现出漫不经心或是不耐烦的样子，很有可能让孩子错误地认为学习其实并不是多么重要的事情，或是觉得做事过于严谨是多么的可笑。

物理学大师爱因斯坦曾说过：“提出问题往往比解决问题更重要。”提出问题不仅仅反映了提问者的思维水平，而且也易于获得信息。所以，妈妈应该欣赏孩子的提问能力，不要忽视了孩子的提问。

“妈妈，我要写完这所有的单词吗？”安吉尔在开始动笔写他的单词前再一次向妈妈问道。

“是的。”卡蒂斯太太答道。

“您是不是要我把每个单词抄写五遍？”

“是的。”卡蒂斯太太再一次回答。

“我是用蓝色的钢笔写，还是用黑色的钢笔写呢？”

“我是单个字母地写，还是连笔写？”

……

“够了！安吉尔。”卡蒂斯太太有点被惹恼了，答道，“你没听见我给你布置作业时说了什么吗？你的问题太多了。你有多少问题不知道哇！在你做作业之前，我要把要求重复多少遍才够呢？”

安吉尔看着妈妈，眼泪啪嗒啪嗒地流下来了。

“噢，宝贝儿，对不起。妈妈不是故意的，不要管这么多细节了。是的，你要学习所有这些单词的拼写，抄写五遍，你愿意用什么颜色的墨水写，就用什么颜色的墨水写好了。我更不在意你是分开写还是连笔写。你现在就开始做吧！”

但是，安吉尔的自尊心好像受到了很严重的伤害，他走回自己的桌子，默默地开始做作业。

在卡蒂斯太太眼里，安吉尔太缺乏自信了，每次卡蒂斯太太给他布置作业，他几乎非得让人把作业中的每一个细节都解释清楚了才肯去做。这让她感到很困惑。为什么对许多人都能理解的问题，安吉尔却要重复千百次地问呢?

事实上，安吉尔只是想更清楚自己要做的事的具体要求，他想尽量把事情做得更好、更完美。其实，安吉尔能关注每个细节是很不错的，可遗憾的是卡蒂斯太太却没有看到这一点。

年幼的孩子，对于妈妈交待的事情，尤其是给他布置的任务，都有一种想要做好令妈妈满意的愿望。因此，在他们的脑子里就会产生一连串的，在大人看来根本不是问题的问题，就像安吉尔一样。自己所要做的事情需要得到妈妈的反复证实才敢动手去做。孩子之所以会不厌其烦地发问，那是因为他很看重妈妈对他的肯定。所以，作为一个好妈妈，千万不要忽视孩子的提问，尤其是与学习有关的一些问题，我们更是要认真对待。如果妈妈都对他提出的有关学习方面的问题表现出漫不经心或是不耐烦，很有可能让孩子错误地认为学习其实并不是多么重要的事情，或是觉得做事过于严谨是多么的可笑。

教子良方

第1招：了解孩子提问的原因

有些孩子的问题比较多，问的问题比较繁琐，做妈妈的千万不要不耐烦，应该努力了解孩子提问的原因，比如不自信、生理缺陷或其他原因。妈妈应多跟孩子沟通，找到原因，对孩子进行合理的帮助，从本质上改善孩子，而不是对孩子的提问进行扼制。

第2招：欣赏孩子的提问能力

妈妈要欣赏孩子的提问能力，因为提出问题往往比解决问题更重要，提出问题不仅仅反映了提问者的思维水平，而且也易于获得信息。孩子在日常生活中能够提出各种问题，如果妈妈耐心地与孩子一起查阅资料以获得答案，就能激发孩子探索新知的欲望；如果妈妈置之不理，孩子的求知欲就会逐渐泯灭。

第3招：引导孩子迈出自己的第一步

妈妈可以想象一下你的孩子迈出第一步的那个午后——他用充满稚气的双腿，轻轻地朝着你的方向，蹒跚、试探性地却又是那么幸福地迈出第一步。你的责任就是在那个午后，用双臂为他支起一个保护环，然后用眼神和言语，鼓励着自己的孩子，朝着目标蹒跚而去。

第4招：巧妙回答，和谐家庭气氛

外国一些儿童教育学家认为，对孩子所提的问题，不一定都要正面回答，因为儿童还不能接受许多科学的道理，况且即使告诉他们，他们也转瞬即忘。回答孩子问题的目的既是满足他的好奇心，又是满足他对长辈的信赖心理。与其讲一大堆高深的理论让孩子茫然不知所措，不如在不违反科学道理的前提下用有趣的回答让他感到愉快。

课外读物让孩子爱上阅读

有专家研究证明：一个学生的课外阅读量只有达到课本的4～5倍的时候，才会形成语文能力。可见，要想提高孩子的学习成绩，还应让孩子养成爱读书的习惯。

广泛地阅读，是一个人走向成功的砝码之一。培根曾经说过，当你孤独时，读书可以作为消遣；当你高谈阔论时，读书可以作为装潢；当你处世行事时，正确运用知识就意味着力量。一个人能有意识地去读一些课外书，就说明他对知识有着强烈的渴求欲望，也是要求上进的体现。

但是，现在有不少妈妈对阅读有一个认识上的误区，总觉得让孩子看课外书是看“闲书”。她们恨不得孩子每分每秒都在听写、背诵、写作文，似乎只有这样，才能提高孩子的语文学习水平。

殊不知，生活中许多在文学上有造诣的作家、学者在总结自己的成长经历时，总少不了青少年时期博览群书这一条。

小泽，今年才8岁。但是在妈妈的谆谆善诱下，他早已养成了爱读书的好习惯，小小年纪涉猎已较广泛，也从中获益良多。

小泽一向听惯了妈妈讲故事，开始并不肯自己阅读。在孩子识字不多、阅读水平有限的情况下，为了引导小泽尽早由“听妈妈讲”向“自己独立阅读”过渡，做妈妈的可没少花工夫。

妈妈开始时把故事只讲半截，每当讲到精彩之处，就拍拍他的小脑袋说：“你看，9点了，该睡觉了，就讲到这里吧。”小泽无可奈何。等到第二天又要妈妈讲时，妈妈就对他说：“妈妈今天没时间，你自己看吧。剩下没多少了，不懂的自己看拼音。”为了看到结局，小泽不得不自己看。开始时，妈妈给他选择简短通俗带拼音的，后来就逐渐提供无拼音、篇幅较长的优秀少儿读物，让他自己去猜字、领会。就这样，妈妈慢慢放手让小泽自己阅读。

妈妈还抓住小泽爱看幽默、笑话的特点，选了《十二个懒惰鬼的故事》《十二个胆小鬼的故事》及冰波的《蛤蟆小姐减肥》等书给他看，让他感受到看书原来是一种乐趣和享受。后又针对儿童爱幻想的特点，推荐了叶永烈的《小灵通漫游未来》和李志伟的《爆米花马戏团》等极富想象力的书，让他与书中人物一起驰骋想象，畅游幻想世界。接着又推荐了中外民间故事、神话故事、探险故事以及安徒生童话、格林童话等名著给他看。

有时候，妈妈给小泽买的书，他也不一定有兴趣看。这时，妈妈就会想方设法让小泽对这本书感兴趣。给小泽买了少年版的《三国演义》放了一年他都没看，妈妈就买了含有“草船借箭”“三顾茅庐”等小故事的民间故事书。等小泽看完后，妈妈就开始引导：“诸葛亮神不神啊？他还会三气周瑜、大摆空城计呢，可厉害了！”小泽马上就来了兴趣。就这样，被冷落的《三国演义》又被他捧来看。还有英国作家笛福的《鲁宾逊漂流记》。妈妈对小泽说：“如果我们把家搬到荒岛上住，周围什么也没有，我们能活下去吗？”小泽问：“怎么吃饭啊？早饿死了。”“可是有这么一个人，他很顽强，独自在荒岛上生活了28年，你相信吗？”随后妈妈又选择一段最精彩的故事情节讲给他听，小泽便来了阅读的兴趣……

现在，8岁的小泽每晚临睡前总要看课外书，养成了独立阅读的好习惯。他的词汇量大增，文字理解能力大大提高，阅读范围也在逐渐扩大。什么天文地理、历史典故、自然奥秘、人物传记等书籍，他都有兴趣看。

研究表明：5岁是孩子的阅读启蒙敏感期；5~7岁，应该进入大量识字的阶段；8岁之后，就应该进入自由流畅阅读的阶段。在经历了幼儿期识字、由图向文字的转变、初步建立阅读兴趣的基础上，在小学阶段（8~13岁），孩子应该进入他一生中第一个，也是最重要的一个黄金阅读期。如果错过了这一黄金阅读期，那么阅读的贫乏将使孩子在今后中学、大学阶段的学习中暴露出难以弥补的“先天不足”，孩子越学越吃力，越到高年级，负面影响越大。最终的表现是，语言文字水平逐年下降，尤其是阅读能力和写作能力，使许多孩子在中考和高考中束手无策，不仅直接影响了语文成绩，同时也影响了英语的阅读理解、翻译和写作的成绩。虽然结果表现在中考和高考，但根源却在于小学阶段的阅读缺陷。所以，让孩子从学习课堂知识的单一模式中走出来，还孩子一个广阔的阅读天地，是许多仍然迷信文化补习的妈妈的当务之急。

教子良方

第 1 招：给孩子读书的自由，并从旁指导

让孩子每天选择不同类型的读物，让孩子觉得阅读是自由的，不至于丧失阅读的乐趣。毕竟孩子太小，对读什么书还需妈妈给予适当的帮助，让孩子作出正确的选择。如果孩子选择不当，也不要急于批评，而是应该在合适的时候告诉他们，使其从中具备分辨良莠的能力。

第 2 招：与孩子一起参与阅读

要提高孩子的阅读兴趣，首先妈妈自己也要喜欢阅读，否则一点说服力都没有。不妨想一些方法，例如把阅读变成比赛、游戏或者亲子沟通的环节，让阅读变得更加有趣。妈妈可以和孩子一起阅读，专门留出母子阅读的时间，每天只要几十分钟，便能收到很好的效果，让自己和孩子一起进步。

第 3 招：把握各年龄段孩子的阅读范围

对于 3 岁之前的孩子，妈妈要营造爱书的氛围。主要是让孩子接触各种各样色彩鲜艳的识物卡片、挂图。或给孩子讲一些故事性强的美文，时间不可太长，大多是十几分钟，主要内容以儿歌、神话、寓言为主，有条件时也可给他买些有声读物。这个阶段，应以读书为游戏，在快乐中让孩子喜欢上书。至于记住了多少，并不是最重要的。

3 ~ 6 岁的孩子，要以图书为主，内容可以是童话、儿歌、民间故事、神话传说、古诗等。这一时期的孩子常常会反复要求妈妈讲同一个故事，千万不要厌烦，要和第一次讲这个故事一样给他讲，尤其不要按照自己的喜好给孩子安排故事。可以让孩子看《塑造孩子完美人格的好故事》《幼儿学生活》《瞧瞧我有多能干》等书。当孩子不

喜欢你给他选的书时，妈妈要多关心孩子喜欢什么。现在，大多数的孩子都喜欢奥特曼、喜羊羊等。作为一个好妈妈，应该尊重孩子并和孩子一起走进他的爱好。孩子从你那里得到了尊重和认可，他就会很容易接受你的意见和要求。

6～12 岁上小学阶段，有的妈妈就放弃了指导孩子的阅读，而转向以课业为主，只是关心孩子的成绩，每天的主要任务也成了督促孩子完成作业。其实，这是一种短视的行为。处于这个时期的孩子探索欲望强，应该由感性的浅易文学向科学类转移，可以给他选些专门为这个时期的孩子编写的一些科普类、社科类的读物，如《儿童启蒙百科》《少年儿童成长百科》《上下五千年》《世界五千年》《十万个为什么》等都可以推荐孩子阅读。

寓教于乐，让孩子在玩乐中成长

玩是孩子的天性，尽管孩子之间玩的一些游戏难登大雅之堂，但他们却能在不断的游戏中，激发创造的欲望和想象的空间，使其沉睡的大脑得以迅速地被激活，在走上成才的道路上迈出关键性的一步。

玩是孩子的天性，人们常常说会玩的孩子更聪明。但是，“玩”这个字对于现代的孩子来说已经变得十分奢侈！有的妈妈一看到孩子在玩，就很不高兴，她们觉得玩耍、游戏会浪费孩子的学习时间，尤其是男孩子一玩心就野了，所以玩的时间应该越少越好。她们不但要孩子按时完成学校布置的作业，还要求孩子学习更多的东西，给孩子“添草加料”，今天奥数，明天英语，后天乐器……这样日复一日机械地学习着。结果，孩子整天坐在书桌前面，头脑昏昏沉沉，虽然看起来学习时间很长，其实效果很差。

有一名四年级的小学生曾经写了一篇表达对妈妈怨恨的作文，原因就在于妈妈强迫他去学自己不喜欢的“奥数”。该同学在作文里写道：“我喜欢的是航模，最不喜欢的就是数学了。可是，为什么妈妈不许我玩模型，而一定要我去学讨厌的‘奥数’呢？我憎恨她！”

孩子在玩中可以激发创造的欲望和想象的空间，使其沉睡的大脑得以迅速地被激活，在走上成才的道路上迈出关键性的一步。例如，玩拼图不仅能帮助孩子建立空间的感知能力，而且还能训练孩子长时间集中精力并且努力把事情坚持到底的性格。搭积木可以帮助孩子建立三维空间感，可以为他以后学习几何、物理，乃至将来学习建筑、工程奠定基础。

如果我们整天把孩子关在家中，让他与外面的世界隔绝，孩子便失去了童真的世界。在这种环境中成长起来的孩子，不仅丧失了想象力和无拘无束的欢乐，而且丧失了在同龄人中，磨练自己与他人交流的能力和机会，最终可能导致孩子的智商、情商低下，不知道什么是合作、谦让、礼貌、感恩。

教子良方

第1招：不要剥夺孩子玩耍的时间

为了让孩子出类拔萃，有的妈妈往往通过各种活动、辅导班和学习资料把孩子的时间填得满满的。与此同时，孩子自发的自由玩耍却在匆匆忙忙的时光中丢掉了。其实，玩耍对儿童成长益处很多，可以促进他们的身心健康、创意、自信心、同情心、想象力、社交能力、平衡感、时间空间观念、手指灵活度、逻辑思维、选择与判断能力、语言表达能力等。

第 2 招：要多注意孩子的精神状态

妈妈要多注意孩子的精神状态，不要规定孩子什么时候才可以玩耍，什么时候必须学习。当发现孩子出现走神、精力不集中、疲劳等状况时，最好叫他立刻放下功课，先休息一会儿。这样，既能让孩子感觉到妈妈对自己的关心，又有助于加强孩子的上进心。列宁就曾经说过："谁不会休息，谁就不会工作。"学习也是一样，只有好好休息了，才能有更多的精力投入学习，学习效率才会更高。

第 3 招：玩的方式可以多样化

玩的方式可以多样化，不要规定孩子玩什么，让他自己依自己的兴趣去玩，在他玩的时候给他空间和自由。对孩子而言，并不是坐在那里才叫休息，适当地做一些蹦跳奔跑的运动，或者看一下电视、画报之类的，将注意力从学习上转移，都能让孩子在紧张之余得到很好的放松。

第 4 招：休息时多与孩子交流并鼓励孩子

孩子休息时，可以用和缓的态度陪孩子闲聊。比如，问他新学了什么，对哪些感兴趣，哪些兴趣差一些。孩子兴趣差的地方，往往就会成为学习中的漏洞。可以和孩子共同讨论用什么方式，对这些漏洞有针对性地进行弥补，以保证不拉学习的后腿。孩子在休息的时候，妈妈也可以多多鼓励孩子，让孩子对自己充满信心，这样也有助于快速消除疲劳，以更好的状态投入到学习中去。

为男孩插上一双想象的翅膀

爱因斯坦说："想象力比知识更重要。"有想象力，才有一切。

没有想象力，就不可能成为一个真正聪明的人。可见，要想让孩子得到良好的发展，想象力的培养与锻炼至关重要。

想象力是人类创造、发明的源泉，没有想象力，就没有人类文明的发展。想象力是人进行创造活动的必要因素，它在儿童的学习和思维发展过程中具有重要作用。

儿童时代是一个人的想象力迅速形成和发展的时期，小孩子从三四岁开始就已经有了丰富的想象力。但现在的孩子被父母争先恐后送去学习各种专业知识，很大程度上是为了让孩子考级，能去参加比赛拿奖等，来帮助孩子的升学以及为孩子的将来作铺垫，却常常忽略了拓展孩子的想象力。结果，使得孩子渐渐成为失去想象翅膀的“折翼天使”。

达尔文从小就是一个想象力很丰富的孩子，他尤其热爱大自然，喜欢探险、采集各种标本。

他的妈妈对培养儿子的想象力很重视，总是想方设法地满足孩子的兴趣和爱好，鼓励他努力学习，探索真理。这为达尔文以后成为闻名于世的生物学家产生了很大的影响。

一天，小达尔文和妈妈一起到花园里种树。妈妈对达尔文说：“泥土是个宝，小树只有在泥土中才能长成参天大树。别小看这泥土，它能长出青草，青草又喂肥了牛羊，我们才有奶喝，才有肉吃；是它长出了小麦和棉花，我们才有饭吃，才能填饱肚子，才有衣服可以御寒，泥土太宝贵了。”

这些话，让小达尔文想到了一个问题，他疑惑地问：“妈妈，那泥土里能不能长出小狗来呢?”

“当然不能呀!”妈妈笑着说，“小狗不是泥土里长出来的，是从狗妈妈的肚子里生出来的。”

达尔文又问：“我是妈妈生的，妈妈是妈妈的妈妈生的，对吗?”

“对呀！所有的人都是他自己的妈妈生的。”妈妈微笑地回答。

“那最早的妈妈又是谁生的?”达尔文接着问。

“是上帝!”妈妈说。

“那上帝是谁生的呢?”小达尔文穷追不舍地问。

妈妈一时答不上来了。她对达尔文说：“儿子，世界上有好多事情对我们来说是个谜，你快快长大吧，这些谜需要你去解释呢!”

就这样，达尔文怀着想象，不断地去探索、追寻。最后，他成为了闻名于世的生物学家。

如果达尔文没有想象力，那么今天的“进化论”也许就不会存在了。而达尔文的妈妈最成功之处，就在于支持儿子的想象力。所以，好妈妈要注意时时鼓励、欣赏孩子的想象与创意，要放开孩子的手脚，解放孩子的书包，开放孩子的头脑，积极地拓展孩子的想象力。

教子良方

第 1 招：支持和鼓励孩子的“异想天开”

培养孩子的想象力，就应该支持和鼓励孩子的“异想天开”。现代速算法的创始人史丰收能有震惊世界的成就，就是得益于他小时候的异想天开。除此之外，还得益于老师对史丰收的成长给予了鼓励，才使他在那个特殊的年代，一直“异想天开”下去。他不但天天想、时时想，而且无论是吃饭时，还是在走道时，他都在想象着。长大后，他终于成了中国家喻户晓的名人。支持孩子的“异想天开”，会使孩子在将来得到意想不到的收获。

第2招：多向孩子提出开放性的问题

在生活中，妈妈可以向孩子多提一些开放性的问题。如妈妈陪着孩子看有关飞机的图书时，可以这样问："你能想象未来的飞机是什么样的吗？如果让你造一架飞机，你会把它造成什么样子的呢？"这样的问题不但可以启发孩子的想象力，还能激发他的求知欲。值得注意的是，在孩子对这类问题作出回答时，妈妈千万不要急于去打断或纠正他的答案。

第3招：多给孩子讲童话故事

童话故事可以促进孩子的想象，常常听童话故事的孩子的想象能力比不听、少听童话故事的孩子要丰富得多。最主要的是妈妈讲完后，要让孩子马上复述。孩子可能在复述中有添枝加叶的地方，只要主题大意不变，妈妈就应该鼓励。妈妈在给孩子讲故事时，还可讲到一定的地方就停止往下讲，然后引导孩子自己对以后的故事情节进行想象。

第五章

自己的错自己担，培养男孩的责任感

责任感是男孩子最重要的品质，一个缺乏责任感的男孩子不但难以获得别人的重视和尊重，更难以成就一番事业。所以，好妈妈应当告诉男孩子从小就学会担当责任。做一个敢于认错，说话算数，不断自我反省的好男孩。

从小培养男孩的责任心

一个优秀男孩最重要的品质是有责任心。一个男孩子如果缺乏责任心，就会缺少前进的动力，只会坐享其成。这样不仅难以成就一番事业，同样也难以得到别人的重视和尊重。

责任心，是优秀男孩最重要的品质。一个男孩子如果缺乏责任心，就会缺少前进的动力，只会坐享其成。这样不仅难以成就一番事业，同样也难以得到别人的重视和尊重。

但责任心并不是天生具备的，它是随着年龄的增长和心理的发展而形成的。家庭是孩子责任心赖以滋长的土壤，妈妈对待孩子的态度、教育孩子的方法是他能否成长的重要条件。

有这样一个令人感慨的故事。

一个人到瑞士访问的时候，在洗手间里，他听到隔壁小间里一直有一种奇特的响动。由于这响动时间过长，而且也过于奇特，因此引起了他的好奇心。

在好奇心的驱使下，他通过小门的缝隙向里探望。这一看使他惊叹不已。原来，小间里一个只有七八岁的小男孩正在修理马桶的冲刷设备。一问才知道，是这个小男孩上完厕所以后，因为冲刷设备出了问题，没有把脏东西冲下去，因此他就一个人蹲在那里，千方百计地想修复它。而他的父母当时并不在身边。这件事令这个人非常感慨：一个只有七八岁的小男孩，竟然有如此强烈的负责精神，可见其父母的教育是成功的。

一个有责任心的孩子能运用自己的智慧、信心和判断力去作出决定，独立行事，考虑他的行为后果，并且在不影响他人权利的情况下实现自己的需要。他们明白自己的义务，并主动履行义务，愿意承担自己行为的后果。

现在，许多孩子出生在幸福的家庭。妈妈望子成龙心切，一心想让孩子成才。在这美好愿望的驱使下，于是心甘情愿、尽其所能地替孩子做一切事，把孩子的责任都担到自己肩上。结果却使孩子缺乏奋发向上的愿望、缺乏责任心，这样的孩子是不可能成才的。可见，培养孩子的责任心是非常重要的。

教子良方

第 1 招：让孩子明白每个人都有分内的事

培养孩子的责任心，首先就要让孩子明白，每个人都有分内的事，家里的人不能围着他一个人转。当孩子明白了每个人都有自己的事情之后，妈妈就应该有意识地强化孩子的责任范围。应明确哪些事情必须自己做，根据孩子的年龄制定不同的责任范围。给孩子提出要求后，要鼓励孩子认真完成，让孩子在具体的事情中明白自己的责任所在。

第 2 招：顺应孩子的愿望

尊重孩子的意愿，顺应孩子想做某件事情的愿望，往往能激发孩子承担责任的热情，对于孩子责任心的培养大有好处。好妈妈应在生活中给孩子一个承担责任的机会，让他学会为自己的决定负责任。那么，孩子长大后，他就能为自己的行为负责，为他的工作、朋友、小家庭和社会负责。

第 3 招：让孩子认识到不负责任的后果

对于尚处于成长之中的孩子来说，很多时候还不太清楚没有责任感会对自己有什么不好的影响。所以，为了培养孩子的责任感，你可以适当地让孩子品尝一下办事情不负责任的苦果。孩子如果一而再地受到后果的惩罚，他自然就会提高警惕，下次做事情的时候自然就不再马马虎虎、草率了事。

第 4 招：与孩子进行平等的交流

与孩子进行平等的交流，也是培养孩子责任心的一种方式。与孩子平等交流，就要倾听孩子的心声、理解孩子的感受，也要与孩子分享一些自己的喜怒哀乐，当然内容应是孩子能接受的。除此之外，妈妈还可以让孩子多为家庭承担，从而增强孩子对家庭的责任心。只有对家庭有责任心的孩子，将来才可能更好地为社会尽责任。

第 5 招：妈妈要做好榜样

妈妈的言行举止对孩子的影响是深远和巨大的，很难想象，一个毫无责任感的妈妈，能够培养出具有很强责任心的孩子。所以，妈妈应努力要求自己做有责任感的好家长、好榜样，以身作则，要求孩子办到的事，自己首先要做到。妈妈只有在生活中严以律己，给孩子做好表率，才能更好地去影响和教育孩子。

自己犯错就要学会勇于承担

男孩子从小学会对自己的过失负责，长大了自然就会有责任心。这是一个人一生中的宝贵财富，是不可替代的，只能自己积累。因此，一个好妈妈不要剥夺孩子承担责任的机会，当孩子有了过失时，应让他为自己的过失负起应有的责任。

在生活中，大大咧咧的男孩总会发生一些过失。譬如，不小心打碎了物品，一时冲动伤害了别人，粗心大意造成了麻烦等。对这类过失，许多妈妈都会说：“你怎么搞的？能这么做吗？快走吧，写作业去。”于是，孩子就跟没事人似的，该学习就学习，该玩就玩；妈妈则留下来替他承担责任，又是道歉，又是赔偿。

一般来说，孩子犯错时正是受教育的良机，因为内疚和不安使他急于求助，而此时明白的道理，更能让他刻骨铭心。所以，不论孩子有什么过失，只要他有承担的能力，就应当让他承担责任。但很多妈妈由于太宠爱孩子，过度保护，事事代劳，不仅剥夺了孩子履行责任的机会，更养成了孩子的依赖心理和不负责任的习惯。

一大早，小超就来到老师的办公室，手里拿着一张电话卡，有些着急，理所当然地对老师说：“老师，我作业忘带了，我现在打电话，让妈妈送来。”当美妙的手机铃声响起，小超的妈妈打来了电话：“老师，帮我问问他，作业放哪里了，书桌上没有？”老师转身把电话拿给小超。小超接过电话脸拉得老长，背着老师，不耐烦地说：“就在放英语书的袋子里。你怎么找不着？”

可见，不能承担过失的孩子最终丢失的不仅是良好的处事能力与责任心，还养成了极端的自私与冷漠。

美国前总统里根12岁时，在院子里踢足球把邻居家的玻璃打碎了，邻居要他赔12.5美元。他回家告诉爸爸，爸爸问清情况后说：“那你就赔吧，因为是你踢碎的。你没有钱，我借给你，一年后还。”当时，这些钱可不是一个小数字，能买100多只鸡。在接下来的一年里，小里根擦皮鞋、送报纸、打工挣钱，挣回了12.5美元还给了父亲。后来，他在回忆这件事时说：“通过自己的努力来承担过失，使我懂得了什么是责任。”

人的一生中必定会遇到许多的挫折、失败，所以在孩提时犯了错误就应让他自己去面对，从而懂得自己应负的责任，接受为承担这样的责任而付出的代价——惩罚。男孩子从小学会为自己的过失负责，长大了自然就会有责任心。这是一个人一生中的宝贵财富，是不可替代的，只能自己积累。因此，一个好妈妈不要剥夺孩子承担责任的机会，当孩子有了过失时，应让他为自己的过失负起应有的责任。

教子良方

第 1 招：不能对孩子的过失行为包庇纵容

如果妈妈对孩子的错误袒护、纵容，将会使孩子在错误的泥坑里越陷越深。如有的妈妈发现孩子和别人家孩子打架时，不调查情况就帮着自己的孩子，指责别人的子女，这对孩子的错误就起了纵容的作用。

第 2 招：不能对孩子的过失行为简单粗暴

有的妈妈对犯了错误的孩子采用简单粗暴的方法，动辄打骂训斥、罚站罚跪、恐吓等，这种教育手段是不科学的。对于孩子的过失行为，做妈妈的不能操之过急，既要了解情况，弄清真相，进行批评教育；又要有宽容的态度，给予时间，让他反省思过，允许其犯错误，允许其改正错误。同时，还要做耐心细致的思想工作，热情地帮孩子认识错误的危害性及如何加以改正。

第 3 招：不要为孩子的过失找借口

有的妈妈对孩子的疼爱往往表现为过分地迁就，以至于孩子出现过失时，舍不得说，舍不得骂，甚至找出一堆借口，帮孩子免除责备，殊不知已经错过了教育孩子的良机。当孩子犯错时，妈妈要耐心地帮孩子分析犯错的原因，并在孩子的能力范围内，让他们承担相应的责任。这样一来，孩子会对自己所犯的错误有更为深刻的认识，并逐渐学会为自己的过错买单。

第 4 招：进行适当的惩罚

当一个孩子犯了错，要进行适当的惩罚，他才会认识到自己的错误，并对自己的行为负责。如孩子发小脾气，把图画书扔在地上。妈妈自己就不要捡，也不要别人捡。如果孩子当时不肯捡也没关系，就让书放在地上好了。等到他缠着你讲故事时，你就可以说：“你不是把书扔了吗？妈妈不能给你讲了。”这时，孩子就知道着急并赶紧自己把书捡起来了。以后的日子，他也就会知道扔书的结果是听不成故事，还得自己再捡，就不会再随便扔了。

第 5 招：教育并不是为了惩罚

让孩子为自己的过失负责，是让孩子学会对自己的行为负责，它决不意味着可以体罚、伤害孩子。这是一种建立在对孩子尊重和信任基础上的教育惩罚，是一种因人而异、适可而止的教育技巧。

说话算话才是男子汉

孩子虽小，但是他的承诺也一样要认真对待。这是因为，当孩子认识到自己答应了的事情就必须做到时，便有了责任感，从而也可督促他们学会履行责任，养成良好的道德习惯，同时也培养了孩子健康的人格。

人们常说：言而无信，非君子。意思就是说到就要做到。只有如此，一个人说话才有威信，才可值得信任。所以，好妈妈要让孩子明白：一个真正的男子汉得言而有信，得为自己的言行负责，得为自己的承诺付出代价。只有这样，孩子才能学会分析和思考，一点点成长起来。

有一个小男孩长得胖乎乎的，又爱笑、嘴巴也会说，特别招人喜爱。所以，托儿所的阿姨、邻家的大妈常说要带他回家玩、过夜。小男孩一高兴也就不想那么多，对大人的要求都高兴地应承。因此，每每白天与人说得好好的，一吃过晚饭，则要跟着妈妈回家。几次三番之后，妈妈认识到了问题的严重性，因为孩子已经把说话当儿戏了，长此下去，会形成性格上的缺陷。妈妈想，虽说他还是个孩子，但他已经是一个三岁的孩子了，会说话、会走路、会有意识地表达自己的喜怒哀乐，有了自己独立的思想。俗话说：三岁看大。这是性格形成的时候，应该给孩子一个良好的开端。

于是，当有一天，邻家大妈开玩笑说要带小男孩回家睡，他又一口答应了。妈妈抓住时机，马上对他说："好啊！男子汉说话算数，不能不算。"小男孩没想到妈妈不再支持他，哭得好伤心。妈妈想了想，如果强迫他，带着委屈去、带着压力去，情绪上有抵触，不利于他感情上的真正接受。妈妈要他接受的是道理，而不仅仅是服从。于是，妈妈和颜悦色地对他说："如果你没有准备好，今晚可以不去，但你必须当着大家的面说好哪一天去。"小男孩听说可以不去，破涕为笑，但看着妈妈认真的神情，又犹豫了，看了妈妈几次，看妈妈没有改变的意思，于是怯怯地说："明天。"妈妈亲了小男孩一下，并告诉他到时不能耍赖。

第二天晚饭后，妈妈问小男孩："儿子，你答应妈妈的事，还记得吗？"正在玩耍的孩子一下子安静下来。虽然那时的他根本听不懂大道理，但妈妈认为，道理应该从小讲，规矩应该从小守。妈妈对他说："你是一个男孩子，将来会成为一个男子汉，最重要的是必须从小做到说话算数。"于是，这一晚小男孩去了邻居家睡。

这件事，对小男孩影响很大。从此以后，他不再随口答应别人什么了。他懂得了作为一个男子汉要对自己说过的话负责，说过的话就要算数、答应的事情就要做到，决不能食言。做不到、办不到的事就不能随便应承别人。

孩子虽小，但是他的承诺也一样要认真对待。这是因为，当孩子认识到自己答应的事情就必须做到时，便有了责任感，从而也可督促他们学会履行责任，养成良好的道德习惯，同时也培养了孩子健康的人格。

教子良方

第 1 招：妈妈首先要言而有信

生活中，很多妈妈答应孩子的事情都无法办到。但妈妈们这样一次次“说话不算数”，就会让孩子觉得，一个人说话可以不负责任，答应的事也可以不办，于是从小就养成了“轻率”的坏习惯，长大以后就会因为“失信”而失去朋友，甚至失去信任。因此，要让孩子说话算数，妈妈首先要做个言而有信的人。

第 2 招：向孩子讲述人要言而有信的道理

妈妈要教育孩子言而有信的道理，告诫孩子不要随意承诺，要在条件、能力许可而自己又乐于去做的情况下做承诺，不要“打肿脸充胖子”。一旦承诺，就要付诸行动，不要失言。

为了养成孩子言而有信的品行，妈妈要有意识地观察孩子的言行：言行一致时，要予以肯定和夸奖；言行不一时，要对其进行批评。经常这样做，孩子“言而有信”的品行是可以形成的。

第 3 招：善用约定帮助孩子建构良好的责任意识

小孩子不懂得什么是责任和承担。在生活和游戏中，妈妈可以通过使用约定的方法，逐渐培养孩子责任意识。在此需要强调的是：一旦有了约定，妈妈和孩子就要严格执行，否则就会使孩子养成说话不算数的习惯。

第 4 招：尽可能让孩子自己作决定

孩子在做某件事情的时候，妈妈可以和他商量，但不要替他作决定。因为妈妈往往会替孩子着想，规定某些事情不许孩子做，或者给孩子定的标准太高，这些都有可能导致说话不算数。相反，当孩子自己作出决定时，他的决定就是自己的行动目标，他也更有可能遵守诺言。

第 5 招：好妈妈只需付出信任即可

孩子虽小，但他们思考问题有自己的方式方法，遇到事情也有自己的解决方法。因此，妈妈要尽可能地信任孩子，不要过多地包办代替。

有担当的男孩最有出息

一个孩子如果只知推卸责任，他的行为不仅是对自己不负责任，而且对别人也会更不负责任。这样的孩子长大后很可能会嫁祸于人。一个不懂得承担责任的人将来是难以拥有良好的人际关系，也难以有多大的作为的。

生活中，我们常常看到这种现象：刚学会走路的孩子不小心跌倒，有的妈妈为了哄孩子，常常一边拍打着地板，一边说“打！打！都是地板坏，让宝宝摔倒了”；孩子玩玩具时，不小心夹疼手了，妈妈又会去敲打玩具给孩子出气。

殊不知长期用这样的方式教育孩子，孩子就会认为自己没有错，都是地板、椅子、饭碗、玩具的错。这种做法只会在无意间给孩子幼小的心灵埋下推卸责任的种子。

孩子若长期接受这种教育，上学后，当他学业成绩不佳时，他就会说是老师教得不好；当孩子与同学吵架时，他就会说是同学先挑起的事端；当批评他顶撞老师时，他又会说是老师不尊重他、不给他面子；当孩子打破门窗玻璃时，他就会说是玻璃质量太差经不起碰撞等。孩子这种推卸责任的不良习惯正是因为大人对孩子早期教育的失误而导致的。而一位好妈妈则不会这样做。

周六是鹏鹏奶奶的生日，一家人去饭店吃饭。鹏鹏到了装修得富丽堂皇的饭店，兴奋不已。他跑来跑去，一不小心摔在了地板上，头正好磕在了桌角上，额头碰出来一个小包。

看见宝贝孙子摔倒了，奶奶赶紧上前抱住孙子，用脚狠狠地跺地板："都怨地板，谁让你绊俺孙子？"还用手去拍桌子："打死你，叫你磕俺孙子的头！"

本来在大哭的鹏鹏，看见奶奶的举动，破涕为笑，也学着奶奶的样子，跺地板，打桌子。

鹏鹏的妈妈看到这一切，很担忧，对鹏鹏奶奶说："妈，你不能教鹏鹏这样，他摔倒是他自己不小心，怎么能怨地板和桌子呢？你这样做，会让他学会推卸责任的！"

"哪里有那么严重？"奶奶不服气，"我是逗孩子开心来着，你怎么就上纲上线了？"

妈妈说："这看着是件小事，可在孩子看来，自己不小心摔倒了，可以找地板和桌子当'替罪羊'。这样，他就会在心中形成可以不承认错误、逃避责任的概念。以后他长大了，和别人交往过程中，一旦和人发生了冲突，就会自然而然把错误往别人身上推！"

奶奶若有所思。妈妈把鹏鹏叫过来，说："鹏鹏，刚才你摔倒，是你自己不小心，你不应该跺地板，打桌子。以后走路小心点就行了。"

鹏鹏点了点头，又和邻桌的小朋友追着玩了。不一会儿，他又被花盆绊倒了，他撇撇嘴，想哭又止住了，自言自语说："是我自己不小心，我是坚强的好孩子！"站起来拍拍身上的土，就去玩了。

看到这一幕，奶奶和妈妈都笑了。奶奶说："看来，孩子远远比大人想象的坚强，也更讲道理！"

上面的案例中，孩子因为自己走路的技能还不完善或者由于粗心摔倒，而奶奶为了让孙子开心，把责任推给了环境，奶奶的这种行为便会在无声无息中在孩子的心里种下一颗推卸责任的“种子”。但在妈妈的正确教导下，孩子坚强的一面就显露出来了。

一个孩子如果只知推卸责任，他的行为不仅是对自己不负责任，而且对别人也会更不负责任。这样的孩子长大后很可能会嫁祸于人。一个不懂得承担责任的人将来是难以拥有良好的人际关系，也难以有大的作为。所以，好妈妈一定要注意，千万别让孩子学会推卸责任。

教子良方

第 1 招：讲道理与负责任

妈妈多与孩子交谈，分享彼此的看法和感受，并讨论不同的应付方法与结果。让孩子从自我的世界横跨至他人世界，从“我认为”到“他人认为”等不同立场的处置，妈妈多与孩子分享正确的处世经验，在潜移默化的过程中，孩子就会懂得如何面对与处置问题。

第 2 招：支持与鼓励

孩子表现出良好的行为时，妈妈应给予适时与适当的鼓励；孩子犯错时，妈妈应给予承担责任的机会，并施以更多的支持与肯定。例如打破邻居家的玻璃，由孩子自行负担赔偿的责任，妈妈可协助孩子承担后果，并鼓励其勇于负责的行为。

第 3 招：容许孩子有犯错的行为

“人非圣贤，孰能无过。”孩子犯了错并不可怕，可怕的是为了掩盖错误而说谎。所以，妈妈在处理此种情形时，应注意避免严厉或频繁的处罚。处罚容易造成孩子的畏怯与退缩心理，使孩子不敢勇于面对该负的责任。给予孩子适当空间，容许孩子犯错，让孩子有说实话的勇气，以免在犯错之后，因害怕处罚而推诿责任。

孩子说实话时，妈妈要尽可能地协助孩子解决问题，增强其正确的行为。总之，对于孩子的推卸责任，做妈妈的应探究原因找出根源，协助孩子建立正确的处世态度和价值观。

第 4 招：将孩子的人生还给他

孩子走向成熟的第一步是自己负责任，面对人生，妈妈要让孩子自己肩负起责任来。而不是跌倒了去迁怒于一块石头、一把椅子。妈妈帮助孩子从小就学会承担责任，孩子就会变得豁达和坦然、大气而开朗。

给孩子提供机会，让他慢慢长大

很多时候，不是孩子没有责任感，而是因为孩子没有机会承担责任感。时间一久，孩子的责任感就慢慢淡漠了。因此，妈妈应该懂得给孩子提供承担责任的机会，千万不要替孩子承担责任，为孩子包办代替。

现在的独生子女偏多，孩子犯一点错，父母、爷爷奶奶都出面摆平，生怕孩子受一点委屈，更不让孩子承担责任。等孩子长大时，家长才发现孩子没有责任感，不懂得感恩。其实，错不在孩子，而在于父母，是父母没有给孩子承担责任的机会，才导致孩子没有责任感。

孙女士的儿子是初一学生，过去在家什么事都关心，一点儿责任感也没有，孙女士很伤心。后来，孙女士被公司调到外地。离家的那天，她对儿子说："奶奶身体不好，我走后她就靠你照顾了！每天晚上睡觉前，要把门窗、煤气关好……拜托了！"作为母亲，她的"拜托"二字让儿子十分诧异，儿子认真地点点头。

半年后，孙女士休假回家，孩子的奶奶高兴地对她说："你走后，孙子突然间长大了，懂事了，对我十分关心，尽职尽责，每天晚上按时关门、关窗、关煤气，还经常陪我聊天……”

孙女士的儿子怎么突然变得那么懂事了呢？因为孙女士给了他承担责任的机会，让他在这个过程中产生了强烈的责任感。

生活中，有些妈妈经常埋怨孩子没有责任心。其实，最主要的原因是家长对孩子太宠爱，除了要求孩子学习，基本上不让孩子干家务，更别说让孩子照顾家人了。知心姐姐卢勤曾经说过：“作为一个男孩的母亲，我觉得要培养儿子的责任意识。当妈妈的不妨表现得弱一些，给孩子创造显示本事的机会。”

卢勤是这么说的，也是这么做的。当她遇到不善于处理的事情或问题时，便对儿子说：“一切全靠你了！”儿子爽快答应的同时，脸上会露出一种男子汉的自豪与得意。家里的小电器坏了，有东西需要搬，卢勤就会把这些机会留给儿子。经过长期的训练，孩子的责任意识逐渐被强化。

给孩子提供承担责任的机会，就是给孩子提供解决问题的机会。在日常生活和学习中，孩子会遇到各种各样的问题，做父母的不妨放开手，多给孩子一些解决问题的机会，让他们自己学会解决问题。

某幼儿园开展“亲亲一家人”的活动，让每个小朋友带一张全家照。别的小朋友都带了，就小华没有带来，因为小华的照片落在家里了。

小华怕老师会责备他，就央求妈妈跟老师说。妈妈知道，如果今天帮了他，那么以后小华还会来找妈妈帮的。所以，妈妈就开始鼓励和引导他，让他自己去跟老师解释。

小华感到妈妈是不会帮他了，于是就只好自己走到了老师那里，慢慢吞吞地把情况告诉了老师。老师很快就理解了他的意思，笑眯眯地说："没关系，如果你有时间回去的话，记得一定要带来给小朋友看，好吗？"小华可高兴了。

一般情况下，当孩子遇到麻烦的时候，妈妈都会主动帮孩子解决。但是，小华的妈妈没有这么做，即使小华请求她，她也没有答应，而且把承担责任的机会留给了他，也让小华迈出了勇于承担的第一步。由此可见，当孩子有问题时，让他们自己去解决效果会更好。

教子良方

第 1 招：孩子自己的事情让孩子做

每天早上，孩子起床之后，穿衣、叠被、洗漱、收拾书包等事情，都是孩子自己的事情，也是孩子能做的事情，妈妈没必要帮孩子做，而应该让孩子自己做。如果这样要求孩子，不用多长时间，孩子就能养成自己的事情自己做的习惯，学会对自己的生活小事负责。

第 2 招：孩子犯错了，让孩子去处理

犯错是孩子常有的事，通过改正错误，孩子能不断进步。可是，有的妈妈发现孩子犯错后，赶忙替孩子收拾残局。这样做表面上是爱孩子，其实减少了孩子学习的机会，也错失了教孩子承担责任的好机会。

第 3 招：给孩子照顾长辈的机会

有些妈妈反映，孩子不懂得关心人。其实，这是孩子没有责任感的表现。妈妈平时可以给孩子照顾长辈的机会，比如，出门的时候，妈妈可以对孩子说："儿子，妈妈很容易迷路，你要照顾好妈妈啊！"这样孩子的责任感就被激发出来，孩子会始终牵着妈妈的手，生怕妈妈走丢了。如果家人或亲戚生病了，妈妈可教孩子关心、照顾病人，比如给病人倒水、洗水果等。

第4招：让孩子参与到家庭劳动中

孩子的事情要让孩子自己做，家里的事情也要让孩子适当地承担。对待孩子决不能包办替代，否则很容易泯灭孩子的责任感。让孩子去做自己应做的事情，给他们解决问题、承担责任的机会，他们会在自觉的过程中，慢慢地学会承担责任，并勇于承担责任。

孩子的事情让他自己做主

如果把孩子比做一张白纸，那么，画笔应当握在他们自己的手里。妈妈的任务，只是带他们出外看风景、长见识。因此，为了孩子有一个美好的未来，好妈妈要学会让孩子做自己的主人，让他自己去描绘他的人生。

现在，很多妈妈在怀孕时就开始为孩子谋划，幼儿园、小学、高中，甚至大学。但孩子并不是你的孩子，他还是自己。如果把孩子比做一张白纸，那么，画笔应当握在他们自己的手里。妈妈的任务，只是带他们出外看风景，长见识。因此，为了孩子有一个美好的未来，好妈妈要学会让孩子做自己的主人，让他自己去描绘他的人生。

有一位母亲，在儿子刚上小学时，她就跟儿子做了一次严肃认真的谈话：你现在是小学生了，应该学会自己管理自己。每天按时起床，穿衣上学，不准迟到；放学回家，先完成各科作业并认真检查，收拾好学习用品后才能去玩。妈妈有自己的工作，你有你的学习任务。现在，我们每个人都必须做好自己的事情。

这位母亲还把儿子每天的零花钱按月交给他，让儿子自己掌控，告诉他节约自得，超用不补。她只是默默地关注着儿子的一举一动，定期抽检作业，只要不出大的、原则性的问题，从不多加干涉。比如多用了5角钱，星期五放学没把作业全部做完之类的事，做妈妈的从不过问，给了儿子一定的自由空间。做儿子的也还算听话，基本上能按要求去做。当然，刚开始少不了需要妈妈提醒，但慢慢地时间长了，习惯就养成了。就这样，轻轻松松地度过了他的小学阶段。

到了孩子上初中了，这位母亲也仅是买了一只闹钟交给儿子，让闹钟提醒他按时起床，之后就再也没有让妈妈操过心。孩子总是在母亲的睡梦中悄悄地去上学，在母亲津津有味欣赏电视的时候，打着口哨回到家里。当邻居们羡慕地对母亲说："你儿子真听话，那么早上学，从来没听见你们喊过他。"这位母亲说："上学是他自己的事，我才不操那么多心。他应该懂得为自己负责。"

到后来孩子上高中、上大学，也都是他自己收拾好行李，拎着行李箱自己去的。再后来到找工作，也没有让妈妈操过心。虽说"儿行千里母担忧"，但儿子在外地工作，这位母亲只有想念，"忧"却少了许多。因为她知道，不管遇到什么问题和困难，儿子都会想办法解决的，因为他知道那是他自己的事。

在生活中，我们可以听到许多妈妈总是抱怨孩子太淘气，从来没有自觉完成作业的习惯，连吃饭穿衣都好像是大人的事。的确，当孩子能够自己吃饭时，妈妈还要喂孩子吃饭；当孩子能够自己穿衣时，妈妈还要帮着孩子穿衣；当孩子学习时，妈妈还要在一旁陪着写作业等。一些孩子力所能及的事情，妈妈都不让他做，他们当然不会懂得要为自己负责，只会认为都是妈妈应该做的事。可见，只要是孩子能力所及的事情，就应该放手让他们自己做，让他们学会做自己的主人，真正懂得为自己负责。

教子良方

第 1 招：信任自己的孩子

随着孩子的成长，给他越来越多的自由和控制自己生活的权利，这一点是很重要的。妈妈可以在一些小事上放手，给孩子作决定的机会。然后，再将他们可以作决定的事情范围不断扩大。随着孩子年龄和能力的增加，妈妈可以让孩子做一些难度更大的工作，从而使孩子有了完成任务的骄傲感，更加自信和自律。给孩子一定的自由，表明信任和尊重孩子，孩子也会因此更加尊敬妈妈。

第 2 招：允许和重视孩子的想法

在保证安全的情况下，妈妈应允许孩子错误地选择或实践自己的想法。妈妈可以保留自己的想法，如果孩子发现自己的想法错了，妈妈应鼓励孩子，并对他发现了更合理的思路而表示欣赏；如果孩子的想法正确，妈妈应引导孩子完善自己并欣赏和肯定孩子，重视孩子的想法，这有助于孩子树立正确的世界观。

第 3 招：把孩子当成大人来对待

可以适当地放弃自己的观点，听从孩子的意见，像对待成人那样与孩子平等协商地解决问题。随着孩子的成长，妈妈也要改变交流方式，平等地与孩子交流。有些事情孩子并没有经验，此时妈妈需要用引导、探讨的方式解决与孩子间的问题。

第 4 招：让孩子拥有决定权

自立的孩子，才能为自己的人生负责。坐享其成是人生中最没有意义的事，它使孩子没有机会去经历他们自己的成功和失败。真正的幸福来自于自己的努力，所以，好妈妈要及早让孩子做自己的主人。

第六章

你的性格，决定了你的世界

爱因斯坦曾说过：“优秀的性格和钢铁的意志，比智慧和博学更重要。”可见，拥有好的性格对一个人来说是相当重要的。相信家有男孩子的妈妈，无不希望自己的孩子有良好的性格，成为快乐、自信和备受欢迎的人。但是，优秀的性格不会自动在孩子身上出现，需要做妈妈的精心培养和长期熏陶。

乐观豁达的男孩更自信

乐观的性格是孩子应对人生中悲伤、不幸、失败、痛苦等不良事件的有力武器。如果孩子无法乐观地面对人生，就会意志消沉，对前途丧失信心，而且长此以往，还会损害身体健康。

社会调查告诉我们，越来越多的孩子要面对父母离婚的事实。就连电影和动画片里，英雄也被刻画为要通过暴力手段才能达到目的。这一切，带给孩子一个新的挑战：他们需要学会如何正确地处理问题和面对未来。而拥有乐观的性格，或者说是以积极的态度思考和生活，是男孩子日后取得成功必不可少的一种品质。

有这样一个流传很广的故事。说有两个兄弟，一个很乐观，一个却很悲观。

有一天，他们的父母打算让兄弟俩的性格都能改变一些。他们把那个乐观的孩子锁进了一间堆满马粪的屋子里，把悲观的孩子锁进了一间放满漂亮玩具的屋子里。

过了一段时间后，他们的父母走进悲观孩子的屋子，发现他坐在一个角落里，一把鼻涕一把眼泪地在哭泣。原来，他不小心弄坏了玩具，怕父母会责骂自己。

父母走进乐观孩子的屋子，却发现孩子正在兴奋地用一把小铲子挖着马粪，把散乱的马粪铲得干干净净。看到父母来了，乐观的孩子高兴地叫道："爸爸，这里有这么多马粪，附近肯定会有一匹漂亮的小马，我要给它清理出一块干净的地方来!"

这个乐观的孩子就是我们所熟悉的美国总统里根。他从报童到好莱坞明星，再到州长，直至当上了美国总统，乐观的性格起到了相当大的作用。

乐观是孩子对未来充满信心而又不断进取的个性特征。孩子对那些能够满足自己需要的事物，会产生一种积极的情绪体验。而对无法满足自己需要的事物则会产生消极的情绪体验。乐观的性格是孩子应对人生中悲伤、不幸、失败、痛苦等挫折的有力武器。如果孩子无法乐观地面对人生，就会意志消沉，对前途丧失信心，而且长此以往，还会损害身体健康。

孩子乐观、有一个活泼开朗的性格，是妈妈们共同的心愿。活泼的孩子做事积极主动，思维活跃，勇于探索，能够通过自己的活动获得新知识、新信息。开朗的孩子适应能力强，对周围的事情能够保持一种乐观的态度，对人非常热情，也乐于与人交往。活泼开朗的性格能使孩子保持愉快的情绪、健康的心理，有利于孩子想象力与创造力的发展；能使孩子更容易得到同伴和社会的欢迎，使孩子的生活充满欢乐和情趣；还能让孩子以积极的心态对待挫折和烦恼，有较强的心理承受能力。

教子良方

第1招：用母爱雕刻乐观天性

当孩子出现逃跑与被捉的敏感期时，妈妈切记不要对他说："不要你了！"千万不要对他发脾气，因为这会让他产生被抛弃的感觉。妈妈要多与孩子玩捉迷藏的游戏，反复地逃跑、被捉，让孩子宣泄逃跑欲望的同时，享受被捉的快乐，以强化孩子的安全感。

第2招：健康的身体是活泼开朗性格的体质基础

乐观的男孩不易患忧郁症，他们也更容易成功，身体也比悲观的孩子更健康。如果你注意观察，不难发现，孩子在健康的时候情绪通常是非常好的，而如果生病了，情绪和活动就会受到影响。因此，妈妈要重视培养孩子健康的身体，让孩子有好的营养、充足的睡眠、足够的运动，以培养孩子健康的体魄。

第3招：及时帮助孩子摆脱不良情绪

孩子往往有时因为一点小事不高兴，或哭或闹或闷在心里，整天情绪低落。这时，妈妈应注意引导孩子，学会在心情不好的时候出去活动，转移注意力，调整心绪。同时，也要多鼓励孩子自己去克服困难。

第4招：培养孩子广泛的兴趣

开朗乐观的孩子心中的快乐源自各个方面。孩子如果仅有一种爱好，很难保持长久的快乐。培养多种爱好可让孩子的生活变得更为丰富多彩，由此他也必然更为快乐。妈妈平时要注意孩子的爱好，为孩子提供各种兴趣的选择，并给予必要的引导。孩子的业余爱好广泛，自然就拥有了快乐的性格。

男孩就要有冒险精神

冒险，在头脑简单者那里，它是鲁莽的代名词；在利欲熏心者那里，它又少不了投机的色彩。但是，冒险和成功常常是相伴的，尤其是现代，冒险精神更为竞争所必备。在复杂多变的现代社会，未来的形势常常不是很明朗，过于强调谨小慎微，只会限制我们不敢行动。

男孩就是喜欢冒险，常常会爬树或者爬到很高的地方，然后从那里跳下去；他喜欢舞枪弄棒，甚至会用打火机将家里的床单点燃；他会把自己藏起来，让家里人找不到他；他还会故意惹老师和同学生气，并以此为乐趣。随着年龄的增长，男孩还会爱上一切富有冒险性的活动，如滑板、攀岩、滑翔、飙车等。因此，在男孩的成长过程中，他们总是在不停地制造麻烦，做妈妈的每天都提心吊胆、担惊受怕。

那么，面对爱冒险的孩子，做妈妈的为了避免麻烦是不是应该对他们的种种冒险行为进行阻止呢？当然不是。冒险，在头脑简单者那里，它是鲁莽的代名词；在利欲熏心者那里，它又少不了投机的色彩。但是，冒险和成功常常是相伴的，尤其是现代，冒险精神更为竞争所必备。在复杂多变的现代社会，未来的形势常常不是很明朗，过于强调谨小慎微，只会限制我们不敢行动。因此，男孩子既要有谨慎的性格，也要有敢于冒险的精神。

一位明智的妈妈是这样对待儿子的冒险行为的：

6岁的小虎忽然对电很感兴趣。有一天，他竟然拿着一根小铁丝要去试接线板的插孔，看有没有电。当然，这个可怕的行为被妈妈及时发现了。但是，聪明的妈妈并没有勒令儿子马上住手，而是快速地走到孩子身边，对他说：“宝贝，你在玩什么好玩的东西？来，妈妈给你找个东西，比小铁丝更好玩。”说着，妈妈带着孩子去另外一个房间找来了一只测电笔。孩子用测电笔去接触接线板的插孔，测电笔的灯立刻亮了，而测电笔离开插孔时，灯又熄灭了。

看着这种奇怪的现象，孩子拍着手一边跳一边喊：“妈妈，真好玩，真好玩！”这时，妈妈才认真地对儿子说：“儿子，你手里拿的这个小玩具叫测电笔，它是用来检测电线、接线板是否有电的。实际上，它不是玩具，是人们用来防止触电的工具。你知道妈妈为什么不让你用小铁丝做这个游戏吗？”孩子若有所思地摇摇头。

“因为电是很可怕的，它会通过小铁丝传到人的身体上，会把人电得很痛，有时甚至会把人电死呢。”

“那为什么用测电笔去触电人就不会死呢?”孩子歪着小脑袋问。

“儿子，你这个问题问得真棒，妈妈问你，电线的外皮是用什么材料做的?”

“塑料呀。”

“对呀，塑料能够包住电，所以电线中的电才不会跑出来。你看这个测电笔，手拿的这一端不就是塑料吗？所以，它才不会使人触电呀!”

孩子听了妈妈详细的解释，很满意地对妈妈说：“妈妈，我明白了，谢谢你。”

在现实中，许多妈妈在遇到这种情况时都是勒令孩子住手，然后给孩子讲电的可怕性。但是，成长中的孩子往往好奇心强，尤其是男孩又有很强的冒险心理。虽然这次他“试电”的行为没有得逞，但他会在妈妈不注意的时候再次进行冒险试验，那样的结果往往会更可怕。

但如果做妈妈的能够像上面事例中的妈妈一样，既满足了孩子的好奇心，又让孩子通过亲手做试验了解了电的可怕性，那么，孩子不但不会再用铁丝试电，而且在任何情况下都会对电表现出谨慎。

教子良方

第 1 招：要让孩子敢于积极尝试新事物

孩子天生就是积极的、勤快的，当他想做任何事时，都会遭遇困难，如果每次尝试大人都厉声呵斥“不准……”或大惊小怪地惊呼“危险！不要……”，孩子就好像被电击了一样，久而久之，孩子变得怯懦。想让他保持自信、积极进取，妈妈就应该记住：当孩子做出某种尝试时，只要不是危险的和损害别人利益的，妈妈就要鼓励他，并且提供机会让他大胆尝试。这样一来，孩子每次尝试做一件事情时，他得到的都是奖励而不是“电击”，他当然会很有自信，乐意一而再再而三地努力去做自己还不会做的事情。他自然就会成为一个勇敢的、乐于尝试新事物的、敢于冒险、积极向上的孩子。

第 2 招：别让呵斥挫败孩子的冒险精神

孩子的某些冒险行为有可能遇到困难、危险、失败，这些自然是妈妈不愿意看到的，如果妈妈因为孩子的某些冒险做法而责备、训斥他们，孩子就会渐渐地变得不敢去探索。

有位年轻的妈妈带着 8 岁的儿子去拜访一位著名的化学家，并请教化学家如何能让孩子像他一样出色。化学家没有正面回答，而是带他们到自己的实验室。小男孩被五颜六色的化学试剂所吸引，当他伸手去拿一个瓶子时，妈妈立刻呵斥，并且制止了他。化学家说：“这就是问题的答案。你的呵斥挫败了孩子的求知欲和冒险精神，这样孩子长大了也会一事无成。”

也许孩子的一些行为看起来有些单纯、简单，甚至有些“愚蠢”，这些都没关系，只要妈妈经常给孩子鼓励，多赞扬他们的行为，就能使孩子得到鼓舞，并逐渐形成冒险精神。

第 3 招：给孩子适当冒险的机会

在生活中，如果妈妈们能够大胆放手，给孩子冒险的机会，多让孩子去体验、去锻炼、去实践，孩子的能力就能够得到增长，并更加愿意去尝试、去思索。反之，如果妈妈总是不敢放开紧握着孩子的手，久而久之，孩子会变得胆怯、内向，从而无法尝试新事物。

第 4 招：设置一些通道，激活孩子的冒险精神妈妈在设置培养孩子冒险精神的通道时，应先琢磨清楚孩子的思维，站在孩子的立场上。当然，在安全有保障的情况下，可以多带孩子去游乐场，玩一些刺激的项目。让孩子在这种“玩心跳”的过程中，品格更坚强、更勇敢、更富于冒险和探索的精神。

让男孩拥有坚强的意志

在人生的道路上，一个人只有具备坚强的意志，才能够积极、主动、持久地学习，在学习上才能真正做到好、乐、勤，才能够真正学有所成。一个人只有具备坚强的意志、百折不挠的精神，才能成就梦想。一个人只有拥有坚强的意志，才会有恒心和毅力坚持去做好一件事情。一个人只有具备坚强的意志，自己才能成为主宰心灵、情感、行为和命运的主人。

意志力是指一个人自觉地确定目的，并根据目的来支配、调节自己的行动，克服各种困难，从而培养坚强的品质。一个有着坚强意志的人，在对待事业时总是孜孜以求，也总是能够取得较大的成就；而一个意志薄弱的人通常不会坚持到最后，往往可能是半途而废。

在人生的道路上，一个人只有具备坚强的意志，才能够积极、主动、持久地学习，在学习上才能真正做到好、乐、勤，才能够真正学有所成。一个人只有具备坚强的意志、百折不挠的精神，才能成就梦想。一个人只有拥有坚强的意志，才会有恒心和毅力坚持去做好一件事情。一个人只有具备坚强的意志，自己才能成为主宰心灵、情感、行为和命运的主人。

牛顿是英国著名的物理学家、数学家和天文学家，1642 年 12 月 25 日诞生于英国林肯郡沃尔索浦的一个农民家庭。

牛顿出世前两个月父亲病故，不足月的他就降生了。体重只有 3 磅。他母亲叹息说：“咳，这么一个小不点儿，我简直可以把他塞进一只杯子里去！”大人们担心他很难活下来。出人意料的是这个弱小的生命竟顽强地活下来了。

小牛顿两岁后由外祖母抚养，不久就在乡下上学。他体弱多病，性格腼腆。学习成绩是班上倒数几名，还经常受顽皮学生的欺侮。但是，牛顿意志坚强，有一股不服输的劲头。据说，有一次班上一名功课极好的调皮大王朝牛顿的肚皮踢了一脚。牛顿被迫鼓起勇气和这个小霸王较量。牛顿从此暗下决心，非要在功课上超过他不可。牛顿告诫自己说：“无论做什么事情，只要肯努力，是没有不成功的。”经过刻苦学习，牛顿一跃成为全班的第一名。

牛顿在中学时代学习成绩并不出众，只是爱好读书，对自然现象有好奇心，例如颜色、日影四季的移动，尤其是几何学、哥白尼的日心说等。他还分门别类地记读书笔记，又喜欢别出心裁地做些小工具、小发明、小试验。

后来迫于生活，母亲让牛顿停学在家务农。但牛顿一有机会便埋首书卷，以至于经常忘了干活。每次，母亲叫他同佣人一道上市场，熟悉做交易的生意经时，他便恳求佣人一个人上街，自己则躲在树丛后看书。牛顿的好学精神感动了母亲，于是牛顿又重新回到了学校，如饥似渴地汲取着书本上的营养。经过勤奋学习，牛顿打下了坚实的基础，终于为人类科学事业作出了巨大贡献。

古往今来，许多成就大业的人都是意志坚强的人。由此可见，从小养成孩子良好的意志品质，将为孩子一生的成长奠定坚实的基础。但是，意志品质不是天生的，主要靠后天的教育培养。孩子在幼儿和小学低年级时会表现出意志品质的初步状态。小学三四年级开始，是孩子意志品质形成最快的时期。因此，好妈妈要抓住这一时期培养孩子坚强的意志。

教子良方

第 1 招：注意培养孩子独立克服困难的习惯

妈妈应该首先了解自己的孩子现在能做什么和不能做什么，凡是孩子自己能做的，如单独活动，与别的小朋友来往，自己完成作业等，即使有一定困难，也要让孩子自己去做。因为只有孩子经常完成具有一定难度的事情，他才能体验克服困难后成功的喜悦，从而增强自信心，变得坚强起来。

第 2 招：让孩子担当一定的“角色”

妈妈要相信和尊重孩子，可以委派孩子在家庭中担负一定责任。比如，可以委托孩子负责监督家庭的卫生工作，对家庭成员的卫生状况进行检查和提出要求，这样可以培养锻炼孩子的自我要求能力和坚持力。心理学的研究也证实，让孩子担任一定的“角色”，可以使孩子的性格向这个角色靠拢。所以，在日常生活中，妈妈应当把自己的儿子当作坚强的孩子来教育和培养。

第 3 招：加强对孩子独立性的教育

独立性强的人有明确的目标，并用这个目标来支配和调节自己的行动，不指望别人的帮助，不受别人的暗示，能够主动地做事，有想把事情做好的热情。对孩子来说，需要发展两种独立性：一种是日常生活中的独立性，如自己的事情自己做；另一种是精神活动方面的独立性，如人际交往的积极性、自信心、创造性等。许多孩子都具有第一种独立性。但是，从培养坚强的性格来说，孩子更需要有第二种独立性。因此，妈妈培养孩子的坚强性格，除了要培养孩子独立生活的能力和习惯外，还应当给孩子设置力所能及的目标，为发展孩子精神方面的独立性创造条件。

第 4 招：保持和增进孩子的身体健康

保持和增进孩子的身体健康是培养孩子坚强性格的重要基础。一个身体虚弱的孩子对自己的身体没有信心，心情不好，必然怕这怕那，对人、对事都积极不起来，性格就很难坚强起来。相反，孩子的身体素质好，有信心、有勇气，就容易培养起坚强的性格。

第 5 招：发展孩子的良好品德和智力

发展孩子的良好品德和智力也是培养孩子坚强性格的重要基础。良好的品德受人喜爱、尊重，知识和智慧让人信心倍增。人的各种心理品质是相互影响的，培养孩子各种积极的、良好的心理品质，都能有效地促进孩子的性格变得坚强起来。

第 6 招：让孩子正确面对挫折

一般来说，性格懦弱的孩子，意志品质大多较为脆弱。妈妈应该积极鼓励他，有意识地培养孩子克服困难的能力。而对于天性活泼、好表现自己的孩子，也要多指点、多约束，给他创造“逆境”，多设障碍，以磨炼孩子勇于克服困难的品质。教孩子勇敢地面对困难，让孩子与挫折握手言欢，面对挫折，要做得更好。

帮男孩克服胆小、恐惧的心理

爱默生曾经说过，恐惧比世上任何事物更能击溃人类。所以，当孩子对某些事物产生了恐惧心理时，妈妈应与孩子一起并肩战胜恐惧，以免影响孩子的健康成长。

在日常生活中，我们常常看到，有些孩子当妈妈不在身边时会哭泣、被放到高处时身体会不自觉地蜷缩起来、与陌生人打招呼时会往妈妈怀里钻，这些都是不勇敢的表现。

稍微大一点的孩子一看到狗就会躲得远远的，更不敢去摸它；夜里害怕一个人上厕所，必须要有人陪着才行；有时候还担心小偷进来，或害怕有鬼；有时候会做噩梦，说胡话；有的孩子还会因害怕死亡而不敢入睡……

孩子之所以不勇敢，是因为他恐惧，一方面是来自生理本能，更多的是出生后从周围环境中感受到的。爱默生曾经说过，恐惧比世上任何事物更能击溃人类。所以当孩子对某些事物产生了恐惧心理时，妈妈应与孩子一起并肩战胜恐惧，以免影响孩子的健康成长。

在小真快两周岁时，有一次，他家的猫咬伤了一只飞进园子里的鸟。家里的保姆是个善良的人，她想把鸟救活，就把鸟放到了厨房里。当时小真的妈妈正在很投入地看一本书，小真突然把那只鸟拿来让妈妈看，结果把她吓了一大跳，妈妈立马尖叫了一声。这下把小真也吓坏了，他把鸟扔到一边开始大哭起来。小真的妈妈觉得很内疚，同时也担心会在孩子心里留下阴影，就对他说："小真，刚才真对不起，妈妈没看清楚是什么东西，原来是一只小鸟啊？"妈妈摸了摸鸟的羽毛，但小真却再也不愿意摸了。打那以后，小真特别害怕动物，有时候看到蜘蛛也会大声尖叫，并赶紧躲起来，就连看到蚂蚁也要避开。

为了消除那一瞬间给孩子带来的恐惧感，重新恢复孩子受到挫折的好奇心，这位母亲差不多花了1年的时间。为了让儿子对动物产生兴趣，这位母亲开始表现出对动物的好奇心。有时候，她会认真地研究一会儿蜘蛛或蹲下来观察蚂蚁排队走路的样子。夏天，她还特意抓来几只青蛙，放到大大的水盆里和儿子一起观察它们游泳的样子。慢慢地，小真终于消除了对动物的恐惧，并渐渐喜欢上了小动物。

孩子的各类恐惧，是成长过程中必然伴有的现象。婴幼儿到10个月时，开始学会区别熟悉的和不熟悉的事物。如果不熟悉的事物特别大，特别花哨，或发出特别的声音，婴幼儿就会觉得可怕。在大人看来，这种恐惧可能很难理解，但不能忽略不管，妈妈应该想方设法帮孩子消除恐惧感。

学龄前儿童的恐惧主要来自于他们的幻觉。儿童到3岁左右，想象力开始发展，各种幻想中的“妖魔鬼怪”就会骚扰他们的心灵。这个年龄段的儿童还分不清什么是真实的、什么是幻觉的。对孩子的这种恐惧，妈妈要抱着实事求是的态度，认真对待。例如，你可以给他一个手电，告诉他有这就不用怕；也可放一些轻柔的音乐，舒缓情绪，伴他入眠；还可告诉他，妈妈就在隔壁守护着他的安全。

已上小学的孩子，虽已逐渐摆脱了幻想中“鬼怪”的困扰，但现实生活中的各种危险，如凶杀、车祸、火灾、地震、龙卷风等，开始让他们担心害怕。由于精神上并不成熟，这些危险常会使他们心神不宁。对此，妈妈可以借助一些科学读物，让他们知道地震或龙卷风之类的自然灾害发生的机会是很少的，而且也是可以预测的。

教子良方

第1招：为孩子树立榜样

年龄小的孩子往往不知道害怕，他对某些事物的恐惧往往是受大人影响。众所周知，孩子依恋妈妈，在他们的眼里，妈妈是安全的港湾，一旦发现妈妈对某些事物流露出恐惧的神情，他们就会受到传染，进而产生恐惧感。所以，妈妈在孩子面前，对待恐惧的事物要显示出坦然自如、沉着勇敢的样子，这样才会给孩子增添克服恐惧的信心和勇气。

第 2 招：不要因为孩子害怕某些事物而惩罚或嘲笑他

对幼儿期的孩子而言，害怕是内在情绪感情的一种自然流露，并不是什么见不得人的事。如果你总是骂他“胆小鬼”“窝囊废”，孩子不但没有因此而变得大胆，久而久之他反而会更加坚信自己真的是个胆小鬼。如果妈妈见到孩子害怕某物时，应平静地对孩子说：“很多像你这么大的孩子都害怕它，这是正常的。”这样就不会使得孩子为害怕某物而感到羞耻，并能逐步减少直至消除恐惧心理。

第 3 招：平时不要恐吓孩子

平日里，在孩子比较淘气或做了不对的事时，妈妈千万不要恐吓孩子。比如，有的孩子爱哭，妈妈就会说：“快别哭了，大老鼠听见了，就会来咬你了。”或者孩子淘气时就说：“不听话，我等会儿让大黄狗咬你。”孩子听了这些话，就会觉得有很多害怕的东西，不知躲在什么地方随时有可能跑出来咬人，这样很容易形成孩子胆怯的心理。

两岁的兵兵是个小淘气，什么东西只要见着了都要玩一下。妈妈从早市买了些鲜虾准备晚上吃，因为是活的便把鲜虾养在脸盆里。兵兵看见了便用小手老是去弄，妈妈怕兵兵弄湿衣服，又怕兵兵把活虾弄死了晚上吃起来不鲜，便对兵兵说：“宝贝，快别弄，大虾会咬手的。”吓得兵兵打了个哆嗦，赶快跑开了。吃晚饭的时候，清蒸虾端上了桌，红红的非常诱人。妈妈剥了一个给兵兵吃，兵兵赶快说：“会咬人的。”并且连看都不敢看了，直往妈妈怀里钻。以后每次吃虾，兵兵都不敢吃，也不敢看，在他的心中充满了对虾的恐惧。

第 4 招：帮助孩子消除对恐惧事物的不正确认识和神秘感

孩子的恐惧有时往往是由于缺乏知识，或由错误的认识引起的。传授科学知识，教孩子正确认识各种自然和生活现象，是帮助孩子克服恐惧感的一种最好的办法。如孩子害怕雷电是因为不知道雷电是怎么回事。此时，妈妈可向孩子解释一些简单的科学道理，还可以和他一起计算由看到闪电到听到雷声的时间差。这样不但可以减轻孩子对打雷的恐惧，而且还可以培养孩子对打雷这一自然现象的兴趣。

帮助男孩学会控制情绪

生活中，我们遇事不轻举妄动，就不会自乱阵脚；如果能冷静地思考，就能抓住最佳的时机。这就是沉着冷静的个性所带来的好处，这也是人人必须从小培养的个性与修养。

一个人如果能控制情绪，遇事沉着冷静，就能集中精力去分析和解决问题，从而增加获胜的机率。罗素曾经说过：“沉着是坚韧的拐杖，冷静是旅行袋，携带它们，人可以走完世界，登上永恒之旅。”所以，一个人要想有所作为，不论是学习还是工作，都必须具备沉着冷静的个性。如此一来，即使是身处困境也能顺利地从中走出来，拥抱最终的胜利。

二次大战期间，一位空军飞行员独自担任战斗机的驾驶。头一次任务是轰炸、扫射东京湾。从航空母舰起飞后，他一直保持高空飞

行，然后再以俯冲的姿态滑落至目的地300英尺上空执行任务。

然而，正当他以雷霆万钧之势俯冲时，飞机左翼被敌军击中，飞机顿时翻转过来，并急速下坠。这千钧一发之际，他发现海洋竟然在他的头顶上。有什么东西能救他的命吗？

危急时，他想起接受训练的期间，教官一再叮咛说，在紧急状况中要沉着应付，切勿轻举妄动。因此，他静静地等候把飞机拉起来的最佳时机和位置。最后，他果然幸运地脱险。

假如当时顺着本能的求生反应，那位飞行员未待最佳时机就胡乱操作，必定会使飞机更快下坠而很快葬身大海。可见，沉着冷静就像一位博学多才的高人，它能帮你在危急关头找到解决问题的方法。沉着冷静还是一件威力无比的武器，当你在办事的过程中，所遇到的对象是一个暴躁、粗俗、无知甚至是不讲理的人时，沉着冷静的个性就可以帮你轻而易举地战胜对手。

大卫的叔叔是一个农庄的庄主，拥有不少的黑奴。有一天下午，大卫和叔叔在磨坊里磨麦，正当他们忙得不可开交的时候，磨房的门静静地被打开了。一名黑奴的孩子走了进来。叔父回头看了看，语气恶劣地问他：“什么事？”那个小男孩声清气朗地回答：“我妈让我向您要5毛钱。”

“不行！你这个黑奴崽子，穷鬼，你回去！”

“是。”男孩率直地应着，可是一点也没有离开的意思。大卫的叔叔只专心埋头工作，根本没察觉他还站在那儿，好不容易再度抬起了头，才看到男孩静静地候在门口。他火了，大声赶他：“我叫你回去，你听不懂啊！再不走，我让你好看！”

男孩依旧应了声：“是。”但却仍然动也不动地站在那儿。

这可真把大卫的叔叔恼得火冒三丈，重重放下手头的一袋麦子，顺手抓了身边一把秤杆，气愤难当地往门口走去。大卫看了叔叔那副难看的脸色，再想想整个事件的过程，料到一定会发生严重的事情了。

然而，那个小男孩毫无惧色，不等叔叔走去，反先迎着他踏前一步，凛然的眼神眨也不眨地仰视着凶恶的主人，斩钉截铁地说道：

“我妈说，无论如何都要拿到5毛钱！”

大卫的叔叔一下愣住了，细细地端详男孩的脸，缓缓放下了秤杆，从口袋里掏出5毛钱给了小男孩……

黑人小男孩面对凶恶的主人，不被他的气势所逼而是沉着应付，这种神奇力量的发挥，完完全全地挫败了主人那不可抗拒的锐气，彻底制服了一个有权有势的白人，使得他在万分愤怒的情形之下，绵羊般温顺下来。这其中不难看出，小男孩获胜的法宝其实就是他的沉着冷静。

生活中，我们遇事不轻举妄动，就不会自乱阵脚；如果能冷静地思考，就能抓住最佳的时机，这就是沉着冷静的个性所带来的好处，这也是人人必须从小培养的个性与修养。因此，要想让你的孩子做到遇事冷静、临危不惧、临难不慌，那么就得从小培养他沉着冷静的个性。

教子良方

第1招：让孩子保持平和的心态

妈妈应时常提醒孩子，无论何时何地，都要保持一颗平常心。同时，不妨利用一些空闲的时间洗涤心灵，譬如静坐。这是相当好的洁净心智的做法。静坐可以舒放心灵，静化内心，还可平复暴躁。

第2招：控制好情绪

成大事的人一般都是控制情绪的高手。因为他们有壮志，从小就努力实现自己的梦想。这些人从不沉溺于不良情绪，而是时刻让自己保持着一种愉快的心情。他们把压力拒之门外，即使他们闲坐不动，心里也联想让人开心的事情。像这样的镇定自若，其实是情绪自我调控的一种成功策略。

第3招：保持冷静的头脑

急躁的个性常能使人毁于一旦。在平常状况下，大部分人都能控制自己的情绪，也能作出正确的决定。但是，一旦事态紧急，很多人就自乱阵脚，无法把持自己的情绪。

让孩子保持冷静的头脑，首先要孩子相信自己的头脑，不要由于缺乏必须的力量，就否定一个可能的观念或构想。反之，只要你执着于构想，克服各种难题，就能到达目的地。

第4招：适时地放松自己

人在情绪混乱、充满焦虑、不知所措时，最好的办法就是停止一切活动，适时地放松自己，使自己气定神闲，心旷神怡。所以，妈妈一定要让孩子适时放松自己。

第5招：让孩子做个深呼吸

常识告诉我们，小孩子在紧张害怕的时候，他的反应就是弓起背，屏住呼吸，脸憋得通红。因此，在孩子感到紧张时，不妨告诉他学会深呼吸，这样可以让孩子镇定下来，保持清晰的思维，让孩子冷静地处理当前所发生的事情。

溺爱不是爱而是另一种伤害

妈妈疼爱孩子是无可非议的，但是过分的溺爱，却是对孩子的害。它实际上是在剥夺孩子遭受适当挫折、困难和学习爱护别人的权利。这样的孩子往往较易形成以自我为中心的不良性格。

邓颖超曾经说："母亲的心总是仁慈的，但是仁慈的心要用得好，如果用不好的话，结果就会适得其反。"妈妈疼爱孩子是无可非议的，但是过分的溺爱，却是对孩子的害。它实际上是在剥夺孩子遭受适当挫折、困难和学习爱护别人的权利。这样的孩子往往都较易形成以自我为中心的不良性格。他们从小只会享受，不知奉献；情感世界中只关注自己，不知体会他人。

一杂志上曾刊登过一篇反映现在的孩子越来越冷漠无情的文章：

有一位妈妈说，平时她对儿子关心得无微不至，可儿子对她却非常冷淡。这位妈妈过生日那天，朋友往家里打电话，恰巧她正在做饭。儿子接的电话，朋友告诉他："今天是你妈妈的生日。"儿子冷冷地说："我妈过生日关我屁事!"听了这话，这位妈妈感到非常伤心。想想每次儿子过生日，她总是给他买这买那，而自己过生日，儿子却什么都忘了，还说出这么无情的话。

还有一位妈妈，看到儿子喜欢吃虾，虽然手头不宽裕，还是咬牙从菜市场买来虾，做好后端上桌，看着儿子津津有味地吃着，自己都舍不得动一筷子。眼看儿子已吃完饭，妈妈忍不住想去尝一下剩下的虾，她10岁的儿子却高声叫道：“别动！那是我的！”

还有一位母亲，为了儿子，为了丈夫，放弃自己不错的工作，整天在家相夫教子，风里来雨里去，骑车送儿子上学，打短工换钱供丈夫攻读学位。丈夫毕业后，功成名就有了钱，抛弃了妻子，还带走了她的儿子。儿子成了大款的儿子，上了贵族学校。妈妈想儿子，特意买了一件新衣服，到学校去看儿子。儿子嫌母亲穿得太“土”给他丢脸，告诉同学这是他的“老乡”。后来，竟提出了一个无情的要求：让母亲不要再去学校找他，否则就不认她这个妈！母亲哭诉无门，痛不欲生。她不明白，为什么天下会有这样无情无义的孩子？十几年的爱得到的却是冷酷无情的回报？自己究竟犯了什么错，受到这样的惩罚？

孩子生下来就这么冷漠无情吗？当然不是，那是什么让今天的孩子变得这么自私呢？这是由于妈妈对孩子极度关爱、过分溺爱和无限纵容滋长了孩子的自私心理，让孩子心中只有自己，没有别人。

教子良方

第1招：摆正孩子在家庭中的地位

好妈妈切记不要把孩子置于只有享受权利而不履行义务的特殊地位，如果全家围着孩子一个人转，就会把孩子惯得只顾自己，不关心父母和祖辈，不做或很少做家务劳动，喜欢独占好吃好玩的东西，并且总感到不满足而不断提出各种过高的要求。在家里，孩子应处于受教育的地位，而不是处于支配者的地位。只有摆正孩子在家庭中的地位，才能避免孩子这些不良行为的产生。

第2招：不要过度迁就孩子

有些妈妈对孩子总是百般迁就，要什么就给什么，养成孩子说一不二的“小霸王”个性。比如，有的孩子顶撞长辈，乱摔东西，妈妈也舍不得批评教育。更有甚者，当孩子发脾气时，妈妈不惜自扮小丑，以此来取得孩子的欢心，平息孩子的怒气。

爱孩子要有原则，迁就孩子不是真正的爱，而是害。法国著名教育家卢梭说过这样一句话：“当一个孩子哭着要东西的时候，不论他是想更快地得到那个东西，还是为了使别人不敢不给，都应当干脆地加以拒绝。”

第 3 招：让孩子学会关心别人

人与人之间需要相互同情和关心，因此教育孩子学会关心、同情他人也是十分必要的。如果一个人不懂得关爱他人，必然会造成性格缺陷，无法与社会和谐相处。家庭教育是孩子学会关心的基石，作为一个好妈妈，应把关爱教育作为教育培养孩子的重要内容，让孩子远离自私，注意人际交往中的细节，从每一件小事做起，在孩子心中播下关爱的种子，让他学会懂得怎样关心他人、尊重他人，给他人带来快乐和幸福。

第 4 招：培养孩子的责任感

孩子由于年龄小，缺乏知识和经验，经常会犯一些过失：淘气打架、损坏公物等。有的妈妈常常因怕吓到孩子，或怕孩子受委屈，在他们犯错时便忙着替孩子去赔理道歉、承担责任，这样孩子往往对自己所做的一切，都认为是对的。妈妈代替孩子去处理问题，孩子失去了一次心理感受能力，今后面对类似问题仍然不知如何处理，同时也失去了一份责任心。

教孩子保持一颗善良的心

一个男孩子假若没有善良的心，他的聪明、勇敢、坚强、无所畏惧等品质越是卓越，将来对社会构成的危险就越可怕。因此，好妈妈必须在男孩子童年时细心培养其善良的品质。

与人为善，是我们中华民族的传统美德。善良是生命中最为宝贵的财富，善良是人性光辉中最美丽、最暖人的一缕。善良作为一种美德，对一个人的成长发展具有不可忽视的积极影响。作为妈妈，若想让自己的孩子长大后能成为一个品德高尚、受人尊敬的人，首先就要让他有爱心，做一个善良的人。

上三年级的浩浩和小朋友在院子里踢球。孩子们正玩得兴起，这时不知有谁说了一句："谁能瞄准踢中那个屋檐下的燕子窝，才是真的厉害。"浩浩听到这句话，立马答到："看我的！"随后一个飞脚，只听"砰"的一声，两只雏燕随着球一起滚落到地上，孩子们立马为浩浩鼓掌喝彩，根本就不在乎小雏燕痛苦的挣扎。

这一幕正好被浩浩的妈妈看到了，她看到儿子的行为很生气，于是把浩浩叫到一边，严肃地对他说："如果有一天你找不到妈妈了，你会怎么样，妈妈又会怎么样？"

"我会很害怕，妈妈会很着急。"浩浩看着妈妈认真地答道。

"你看那两只小燕子现在找不到妈妈了，还被你弄得摔到地上，它们会不会很害怕、很痛苦呢？"

"会。"浩浩这时似乎已经意识到自己的错误了。

妈妈接着对他说："你看小燕子的妈妈现在找不到自己的孩子了，是不是很着急呢？"

"肯定会，那现在怎么办呢？"显然，浩浩已经开始着急了。

"你可以把它们再送回去呀！"

浩浩看着高高的屋檐为难地说："可是那么高，我怎么送它们回去呢？"

"你可以找人帮忙呀。"

浩浩听妈妈这么说，立马把爸爸找了来。在爸爸的帮助下，浩浩终于把小燕子送了回去。

善良的情感及其修养是人道精神的核心。可以说，一个男孩子假若没有善良的心，他的聪明、勇敢、坚强、无所畏惧等品质越是卓越，将来对社会构成的危险就越可怕。因此，好妈妈必须从小细心培养男孩善良的品质。

教子良方

第 1 招：为孩子创设亲切、友爱的成长环境

一个在充满爱的环境中长大的人，不难拥有善心、爱心。作为妈妈，以友好和爱的方式来教育、帮助孩子，努力使善意、友好的气氛充满整个家庭，让孩子在此环境下熏陶，便会从小认定自己善良的本性，也愿意把这个本性坚持下去。

第 2 招：使孩子懂得如何才能变得善良，为什么善良令人满意

这里要注意的就是，不必通过说教的方式，让男孩认识善良，那样会让他感到厌烦，会事与愿违。妈妈可以在某些场合下，见机行

事，简单地、随意地向孩子解释一下，让他知道所有的人都非常喜欢善良的人。

如果孩子偶有些小私心，也没有关系，不必责怪他。这并不说明他本性不善，只是因为他还没有认识到什么对他的成长更好。妈妈千万不要责怪他，更不能把他的行为定性为“恶”，以免挫伤孩子的自尊心。要让他认识到这样不好，不是好孩子应该做出的举动，并表示你对此的遗憾，相信他下次会做得好一些。

第3招：为孩子营造表达善意的实践机会

孩子受到了别人的友善相待会感到非常愉悦，这清楚地告诉他善行是一件多么令人愉快的事。但更为重要的是，通过这样一个机会，让孩子懂得只要与人为善自己也会获得快乐。孩子在对一些小动物友好、善良和亲近中，能感觉到感激、忠心，真正懂得善行的好处。

第4招：赏识孩子“善意”的举动

如果孩子做的事得到了肯定和表扬，那么他还会继续这么做。因此，当孩子帮了别人一些小忙，或者替别人着想时，妈妈要赞赏他的举动，鼓励他为别人多做一些令人愉快的事情。让他知道妈妈希望他这样做，希望从他的举动中看到善意，表现得友好些。

第七章

好习惯成就好人生

一位著名的教育家曾经说过：“一个人的好习惯就像在银行里存了一大笔款，它的利息将使人终生受益；一个人的坏习惯，就像欠了别人一笔高利贷，怎么还也还不清，将使人终生受害，甚至逼人走向歧途!”所以，好妈妈让男孩子养成一个好习惯，就是给了他一笔巨大的财富。

自律的男孩更懂规矩

一个遵守规定的人，在需要约束和克制自己的时候就会很好地把握分寸。一个懂得自律的人，才能赢得别人的尊敬与爱戴。

一个人刚出生时是完全没有自我控制和自我调节能力的。3 岁以前的孩子几乎完全受冲动和欲望的影响，很难长时间做一件事情，不能控制自己的欲望和情感。3～4 岁以后，自律的能力才能逐渐发展起来。5 岁到 12 岁的孩子，正是培养其自律能力的最佳时机。做妈妈的如果能在这个时期注重培养孩子的自律能力，那么他在遇到任何事情时就能学会自我克制。

但在现实生活中，有许多妈妈却不能意识到自律的重要性，等到发现自律对孩子成长的重要性时，往往为时已晚、追悔莫及。

有一次，张明和妈妈一起过马路。红灯亮了，但当时并没有车辆经过。于是，妈妈连忙拉着张明的手说：“反正没车，我们快过去吧。”

张明下意识地对妈妈说：“妈妈，红灯呢！”

妈妈不耐烦地说：“管那么多干什么，快点走！”

于是拉起张明就闯红灯过了马路。

从此以后，妈妈发现张明在家里也学会自由散漫，没有自律性。当她认识到是自己的不良教育影响了孩子时，感到十分后悔。

人总是喜欢过自由自在、无拘无束的生活，所以总是会对限制

“自由”的规矩产生抵制的情绪。俗话说：“无规矩不成方圆。”每一个地方、每一个国家都有法律、法规。人们在这些法律法规的制约下照章办事、遵守规定，才能维护社会的和谐与安定。一个遵守规定的人，在需要约束和克制自己的时候就会很好地把握分寸。一个懂得自律的人，才能赢得别人的尊敬与爱戴。

没有自律，就不会有成功。在孩子的成长过程中，妈妈要时刻注意培养孩子的自律能力。一个孩子如果从小养成自律的习惯，就可以克服很多不良嗜好，就能够把握分寸。对于孩子能够自己管好的事，妈妈可以多教一些方法，多尊重孩子的意愿。慢慢的，孩子就懂得如何对自己的事情负责，从而自然而然地就把这当作一种习惯了。

教子良方

第 1 招：以身作则，鼓励孩子严格自律

妈妈在教育孩子自律的过程中，不是简单的几句话，更应该做到以身作则。为了鼓励孩子严格自律，当你希望孩子自觉遵守一些规则和制度时，不要只是口头上说，而应该以身作则，通过实际行动鼓励孩子遵守规则。你可以说：“来，像妈妈这样做。”妈妈可以在制定规矩和计划的时候征求孩子的意见，和他一起完成，而不是以自己的意志来强迫孩子遵守。

第 2 招：放手让孩子做他能做的事

在教育孩子的过程中，有的妈妈往往采取了一些错误的方式，很多事都替孩子“管”了，有时是因为担心孩子太小做不了，有时是为了让孩子安心学习。比如，当你要孩子做一件事情的时候，他可能会说“等会再做”，可是过了很久，他也丝毫没有动手的意思。这时，妈妈出于疼爱孩子的心理，就干脆替孩子做完了。这样一来，也许孩子会感到很享受、很快乐。但是换个角度看，妈妈这样的纵容会让孩子养成懒散和没有时间观念的毛病。

第3招：让孩子自愿去做事

那种凡事大人都说了算、不许孩子发表意见的“老子”式家规已经过时了，在新时代，用公平合理的方式制定家规，更能起到激励孩子严格自律的作用。妈妈不应该强迫孩子去做什么，而应该通过鼓励，让孩子自愿去做。在大人的强迫下做的事情，孩子不仅不会记住，还会产生逆反心理；而如果是他们自愿去做的，效果自然就好多了。

第4招：教育孩子的同时也要尊重孩子

孩子是否自律，妈妈的教育是关键。我们不能全盘包揽所有的活不让孩子做事，也不能强迫孩子去做事。在给孩子制定规矩时，要多征求孩子的意见，并且也要给自己制定一些规矩，让孩子觉得公平合理，并要鼓励孩子遵守规矩。

诚实守信是男孩的立身之本

一个人只有忠诚老实、诚恳待人，才会取得别人对你的信任；只有讲信用、守信义，才会赢得身前身后的信誉。

对于一个国家来说，诚信是立国之本；对于一个企业来说，诚信是生存之道；对于个人来说，诚信是一种社会公德，是做人的基本要求。诚实，就是忠诚正直，言行一致，表里如一。守信，就是遵守诺言、不虚伪欺诈。“言必信，行必果”“一言既出，驷马难追”，这些流传了千百年的古话，都形象地表达了中华民族诚实守信的品质。

一个人只有忠诚老实、诚恳待人，才会取得别人对你的信任；只有讲信用、守信义，才会赢得身前身后的信誉。在漫漫人生的旅途中，诚信犹如人的灵魂，是不可缺少的一部分。有了诚信，才会有绝处逢生时的援助之手；有了诚信才会有真诚友谊的抚慰；有了诚信，才会有爬出深渊，走向光明的机会。

一个星期六的早上，小强的妈妈要带他去公园玩。于是，小强高兴之时就对妈妈说："妈妈，今天你带我去公园，我向你保证我今天都不吃零食了。"妈妈高兴地说："好呀，来拉勾，小强真是个好孩子。"

在公园里，小强玩得非常高兴。可玩着玩着，小强忽然就停了下来，他看到别的小朋友都在吃着冰淇淋、薯片、饼干……嘴里不停地咽口水，一想到冰淇淋的香甜美味，小强就受不了了。于是，他就吵着跟妈妈说："妈妈，我要吃冰淇淋。""小强，你自己保证过的，今天你不吃零食。"妈妈说。

于是，小强又想了一个办法对妈妈说："妈妈，我口渴了，就给我买冰淇淋吧。吃完冰淇淋后，今天我就再也不吃别的零食了，好不好?"妈妈说："小强，妈妈给你带矿泉水了，来，喝点水吧。"小强见妈妈还是不答应，于是就用哭来吓唬妈妈。小强一边哭一边说："我要吃冰淇淋，我就要吃冰淇淋，我不管!"妈妈严肃地对小强说："小强，你自己说过的话要算数，要负责任，要做个诚实守信的好孩子，可不能言而无信，知道吗?"最后，妈妈还是坚决不同意小强吃冰淇淋。

诚实守信的好习惯要从小事中培养，在大事中受用。从古到今，"言必信，行必果"是中国人诚实守信的名言。一个人只有守信用，他才能得到别人的尊重；只有守信用，他才能得到别人的信任。在孩子还小的时候，让他对自己说过的话负责算数的确不是一件容易的事，但是妈妈要帮助他坚决兑现。只有这样，孩子才能学会守信，讲信誉，重信用，忠实履行自己承担的义务，才能从小养成诚实守信的好习惯。

教子良方

第 1 招：妈妈要给孩子做出表率

要纠正孩子的不守信用，妈妈首先要做到言行一致。孩子的模仿能力很强，很容易受到某种行为的暗示。如果妈妈言行不一，不履行承诺，孩子就会受到暗示，跟着模仿。

第 2 招：对孩子适当进行反面教育

要旗帜鲜明地表扬诚信，批评欺诈虚伪。对孩子诚信的表现，要及时地肯定和鼓励。当孩子出现一些欺诈和虚伪的苗头时，要抓紧批评教育。只有这样，才能让孩子从小明辨是非、爱憎分明、树诚信而戒欺诈。我们主张正面教育为主，但也要配合反面教育，让孩子在成长道路上有一种警惕性。

第 3 招：对孩子多鼓励，少批评

当孩子犯错时，我们可以处罚，但惩罚的目的不是为了教训孩子，而是为了纠正孩子的行为。因此，惩罚不应该以暴力为主。妈妈可以运用其他一些有效的措施，如取消孩子的一些活动等，这样既可让孩子切实感受到自己的错误，又不会使孩子出现恐惧、害怕的心理。

第 4 招：妈妈要敢于承认错误

孩子诚实守信的品格，首先是从模仿开始形成的，做妈妈的如果答应了孩子的事情就一定要做，努力为孩子树立诚实守信的榜样。一旦妈妈没有遵守诺言，就意味着为孩子种下了一粒不守约的“种子”。如果妈妈真的无法遵守诺言，一定要以道歉的方法予以解决，并且一定要告诉孩子：“遵守诺言是一种好习惯。”

第5招：建立适当的奖惩制度

妈妈的言行一致、赏罚分明，会对孩子产生积极的效果。如果事先与孩子定好了制度，妈妈就要认真对待。对孩子行为的优劣，设有一定的奖惩原则。奖要奖得头头是道，恰到好处；惩要惩得心服口服，适可而止。奖励之前，要让他明白原因，以鼓励孩子继续坚持好习惯；惩罚之前，要警告孩子，犯错之后一定要按照奖惩原则言出必行，并且对他讲清原因，告诉孩子其惩罚原因。

第6招：诚实守信是对孩子最大的教养

让孩子学会诚实守信，不仅是对孩子的爱，也是对孩子的一生负责。对孩子诚实守信的教育不是短期之内便可完成的，这需要从小对其进行长期的耐心教育。

勤奋的孩子拥有更多选择

不论是善于治国的政治家，还是胸怀韬略的军事家；不论是思维敏捷的思想家，还是智慧超群的科学家，他们之所以在事业上取得不同反响的成就，是与他们的勤奋好学分不开的。

勤奋不仅包括了学习时的态度，也包括学习专业知识时注重的深度和广度，还包括广泛涉猎教科书以外的知识。一个勤奋的孩子能够自觉地去学习他想要的知识。

据美国《行列》周刊报道，美国新罕布什尔州的查维斯夫妇的5个孩子先后考入了著名的哈佛大学学习。其中，大儿子马蒂在哈佛大学读完了生物化学学士和计算机学硕士后，又在斯坦福大学读完了医疗信息学博士；大女儿安德烈娅从哈佛大学毕业后，又在斯坦福大学获得了计算机硕士和法律方面的学位。虽然查维斯夫妇的文化程度只有高中，父亲雷·查维斯的职业是技术讲解员，母亲罗丝曾经担任过法庭文书，现在是办公室的行政人员，但是，查维斯夫妇对教育孩子十分在行。他们认为，培养孩子对学习的热爱，对学习的勤奋精神以及能够接受一流的教育，是最重要的。

事实上，一个孩子掌握知识的多与少，完全取决于他的勤奋程度。

西汉时，有个农民的儿子，叫匡衡。他小时候很想读书，可是因为家里穷，没钱上学。后来，他跟一个亲戚学认字，才有了看书的能力。

由于家里穷，匡衡买不起书，只好借书来读。那个时候，书是非常贵重的，有书的人不肯轻易借给别人。匡衡就在农忙时节，给有钱的人家打短工，不要工钱，只求人家借书给他看。

过了几年，匡衡长大了，成了家里的主要劳动力。他一天到晚在地里干活儿，只有中午歇晌的时候，才有工夫看一点书。所以，一卷书常常要十天半月才能够读完。匡衡很着急，心里想：白天种庄稼，没有时间看书，我可以多利用一些晚上的时候来看书。可是，匡衡家里很穷，买不起点灯的油，怎么办呢？

有一天晚上，匡衡躺在床上背白天读过的书。背着背着，突然瞥到东边的墙壁上透过来的一线亮光。他霍地站起来，走到墙壁边一看，啊！原来从壁缝里透过来的是邻居家的灯光。于是，匡衡想了一个办法，他拿了一把小刀，把墙缝挖大了一些。这样，投过来的光亮也大了，他就凑着透过来的灯光，读起书来。匡衡就是这样刻苦地学习，后来成了一个很有学问的人。

爱因斯坦曾说：“在天才与勤奋之间，我毫不迟疑地选择勤奋，它几乎是世界上一切成就的催产婆。”事实证明，一个勤奋的人能够取得的成就必然比其他人要多。因此，好妈妈要注重培养孩子勤奋的习惯。

教子良方

第1招：对孩子进行循循善诱

孩子的意志和毅力总是不如成人，为了让孩子养成勤奋的习惯，妈妈不妨采用循循善诱的办法——就是有步骤地引导孩子去学习。循循善诱要注意几个问题：一是注意培养孩子在学习方面的基本功，比如一定的知识面；二是要注意适时教育，引导孩子勤奋学习要抓住孩子有学习欲望的时候；三是要注意适量，孩子毕竟是孩子，不要以成人的标准去要求孩子，不能越过孩子所能承受的范围；四是妈妈态度要平和，引导孩子勤奋学习应该怀有一种平常心，不要急于求成，否则效果会适得其反。

第2招：通过劳动促使孩子勤奋

勤奋不仅表现在学习，更表现在工作和劳动上。当孩子走上社会后，他的勤奋就直接表现在工作中。因此，妈妈要有从小就通过劳动来培养孩子勤奋工作的好习惯。首先，妈妈要树立勤奋工作的榜样。其次，告诉孩子零花钱需要通过自己的劳动去挣。如果孩子想获得更多的零花钱，他就得通过自己勤劳的双手去干活。

第3招：用立志激励孩子勤奋

俗话说：“有志者事竟成。”如果孩子树立了远大的志向，他就能够用这个志向去激励自己勤奋，从而实现自己的志向。

第 4 招：要让孩子多听、多接触勤奋的事例

妈妈要让孩子明白，一个遇难则退、怕苦怕累的人，必然是一事无成的。因为世界上没有一件东西是可以不劳而获的，让孩子明白“有付出才会有收获”的道理，需要妈妈以身作则的榜样示范、孩子亲力亲为的体验。

除此之外，还可以通过讲一些名人勤奋好学的故事，让孩子知道，只要能克服艰苦条件而勤奋学习都是可以取得成功的。让孩子知道，能够克服艰苦条件而勤奋读书，是很不容易的一件事，在崎岖的奋斗中能坚持下来，更需要一种毅力。

第 5 招：让孩子有替父母分忧的孝心与责任感

经受过一番勤奋刻苦磨砺的人，一定是一个已经具备责任心的人。责任，不但是要对自己负责，也要对关心自己的人负责。当一个孩子懂得了父母挣钱不易时，便会更加勤奋学习。因此，让孩子有替父母分忧的孝心与责任感，往往会成为激励孩子去努力奋斗的一种动力。

第 6 招：在教育孩子时要适度

让孩子养成勤奋刻苦的好习惯，并不是说要让孩子像个机器一样不眠不休地学习或做事，那样既达不到目的，也容易使孩子产生厌烦心理。在教育过程中，妈妈要根据孩子的精神状况让孩子进行适当的休息或调整。

珍惜时间就是珍惜生命

对于不守时的人来说，他浪费的不仅仅是自己的时间、自己的生命，他也在无形中浪费了别人的时间和生命。而能够守时的人，往往

惜时如命，从不浪费时间，因而也能够赢得别人的信任和尊重，从而也必定是一个成功的人。

人生匆匆，每一分钟、每一秒钟都是极其宝贵的。所以，古人常说："一寸光阴一寸金，寸金难买寸光阴。"古往今来，时间吝啬而又公平地分给每个人一天 24 小时。对于每个人来说，时间就好比是生命。

对于不守时的人来说，他浪费的不仅仅是自己的时间、自己的生命，他也在无形中浪费了别人的时间和生命。而能够守时的人，往往惜时如命，从不浪费时间，因而也能够赢得别人的信任和尊重，从而也必定是一个成功的人。

德国哲学家康德是一个十分守时的人。一次，他想要去一个名叫珀芬的小镇拜访他的一位老朋友威廉先生。于是，他写了信给威廉，说自己将会在 3 月 5 日上午 11 点钟之前到达那里。半路却因为桥坏了过不了河了。他跑到附近的一座破旧的农舍旁边，对主人说："请问您这间房子肯不肯出售？"农妇听了他的话，很吃惊地说："我的房子又破又旧，而且地段也不好，你买这座房子干什么？""你不用管我有什么用，你只要告诉我你愿不愿意卖？""当然愿意，200 法郎就可以。"

康德先生毫不犹豫地付了钱，对农妇说："如果您能够从房子上拆一些木头，在 20 分钟内修好这座桥，我就把房子还给你。"农妇再次感到吃惊，但还是把自己的儿子叫来，及时修好了那座桥。

马车终于顺利地过了桥。10 点 50 分的时候，康德准时来到了老朋友威廉的房门前。康德和老朋友渡过了一段快乐的时光，但是他对于为了准时过桥而买下房子、拆下木头修桥的过程却丝毫没有提及。后来，威廉先生还是从那位农妇那里知道了这件事，他专门写信给康德说："老朋友之间的约会大可不必如此煞费苦心，即使晚一些也是可以原谅的，更何况是遇到了意外呢。"但是康德却坚持认为守时是必须的，不管是对老朋友还是陌生人。

在生活中，我们经常听到许多妈妈抱怨自己的孩子没有时间观念，早上起床后磨磨蹭蹭经常导致上学迟到，做作业时也是拖拖拉拉，一个小时可以完成的作业要做上两三个小时。懂得珍惜时间的孩子才能成大事，所以，作为好妈妈，一定要帮助孩子养成遵守时间的好习惯，提高做事的效率。

小强刚上一年级时，每天的作业起码1小时才能完成。他一会儿吃饼干，一会儿看电视，一会儿玩一下。妈妈为了引导小强养成珍惜时间的好习惯，及时采取奖励强化的办法。她和小强约定，如果他在规定时间内按要求完成作业，就奖励他看动画片。在妈妈的监督下，一个月下来，小强的作业做得又快又好。

孩子由于年龄太小，头脑里还没有形成"惜时守时"的概念，经常有懒散、懈怠或者拖拉的现象发生，但是，如果做妈妈的能够观察孩子、了解孩子，想出切实可行的办法来帮助孩子树立遵守时间、珍惜时间的良好习惯，孩子便能积极应对学习和生活上的挑战，做好新时代的小主人。

教子良方

第1招：制定并严格执行生活作息制度

时间有延续性，不会停留，对于孩子来说，并没有具体概念，所以他们的时间需要一个标志性的事件来衡量，这就需要为孩子建立一个相对稳定的生活程序。因此，妈妈应该征求孩子的意见，和孩子一起建立一套合理的生活作息制度，并辅以相关的奖惩措施，孩子认可后，就应该自觉地执行。

第 2 招：以身作则，为孩子树立榜样

好妈妈应该以身作则，注重时间观念，养成守时惜时的好习惯。比如，和孩子约好什么时候接他回家，什么时候去动物园都要严格履行。如果做不到，就要诚恳地向孩子道歉请求孩子的原谅，并采取相应的补救措施。相反，如果孩子不能履行约定，妈妈也要毫不留情地让孩子体验不守时而造成的后果。

第 3 招：借助故事中的人物形象树立榜样

在孩子的世界中，故事占据了他们大部分的生活，几乎所有的孩子都爱听故事。因此，借助故事来培养孩子的时间观念是一个很自然也很容易奏效的策略。当孩子出现不守时的状况时，可以搬出他最喜欢的人物形象。“Mickey 可不会这样哦，他是一个守时的孩子，他很希望你和他一起做守时的孩子呢！”只要是孩子喜欢这个角色，诸如此类的话都会对孩子产生效果。久而久之，孩子就会很自然地没有任何阻力地守时了，孩子的时间观念也就相应地形成了。

热爱运动的男孩更阳光

孩子们在运动时，总是伴随着强烈的情绪体验和明显的意志努力。通过运动，有助于培养他们勇敢、顽强、团结、机智、沉着、果断、谦虚、谨慎等意志品质，使他们保持积极、健康、向上的良好心理状态，成为心理健康的人。

运动是孩子的天性。英国教育学、哲学家洛克认为，运动是通过身体对个体的全面教育。适当的身体运动，不仅促进孩子身体的发展，而且有助于孩子良好的情绪、心理、个性、交往能力和潜能的发展。体育运动对男孩子来说尤其重要，因为在体育运动中，他们的灵与肉能得到最完美的结合。

为了培养儿子对体育的兴趣，让体育成为孩子一生中始终不可缺少的重要内容，迈克太太的儿子汤姆5岁就开始打网球，现在已经开始参加欧洲的网球赛事了。

迈克太太说，西班牙的孩子很少有不喜欢体育运动的，因为运动让他们沸腾的热情和活力有了释放的舞台。他们进行体育运动，重在参与，好与不好、赢与输其实并不重要，重要的是他们需要和朋友一起活动、一起玩耍。

汤姆最初迷上网球时，迈克太太几乎每周都要陪他去看球赛。每次儿子参加比赛，她总是抽时间去当啦啦队员。每次汤姆比赛时，她坐在观众席上，眼里全是汤姆。赢球时，迈克太太会为汤姆鼓掌欢呼；输球时，不忘安慰打气。因为她知道，参加比赛的目的只有一个：让儿子在运动中寻找快乐，身心全面健康发展，从而使他日后的学习、生活和工作更丰富多彩。

丰富多彩的体育运动尽管形式各不相同，但其基本的精神是相同的，那就是：愉快的生活态度，较强的适应能力，个人行为的规范化、责任感及与同伴的合作精神，公正地看待问题，遵守规则和规定的能力。另外，孩子们在运动时，总是伴随着强烈的情绪体验和明显的意志努力，通过运动，有助于培养他们勇敢、顽强、团结、机智、沉着、果断、谦虚、谨慎等意志品质，使他们保持积极、健康、向上的良好心理状态，成为心理健康的人。

教子良方

第 1 招：从幼儿期开始培养孩子对体育运动的浓厚兴趣

妈妈可以从小培养孩子的运动天赋，平时多带孩子到户外活动。等孩子大一些，妈妈可以在多种场合或通过对多种媒体的接触，提高孩子对各种体育运动项目的认识，循序渐进地教给他一些体育知识，让他懂得各种体育运动对人体的益处，尤其是各种体育运动在竞赛中有什么乐趣，以激发和引导孩子的兴趣。

第 2 招：妈妈要引导孩子在体育锻炼前做好准备活动

体育锻炼前进行充分的准备活动对于体育锻炼者来说是非常重要的。有些体育活动爱好者就是由于不重视锻炼前的准备活动而导致肌肉拉伤，这不仅影响锻炼效果，而且影响锻炼兴趣。长期如此，孩子还会对体育活动产生畏惧感。所以，在孩子进行体育锻炼前，妈妈要引导他做好准备活动。

第 3 招：根据孩子的年龄和体质等特点来制订运动计划

根据孩子不同的体制来制订适合自己孩子的运动计划，强度要适宜，一切都要以孩子的实际情况为出发点，不可盲从，也不可过于剧烈。针对少年儿童身体发育特点，妈妈可以让孩子进行跳绳、弹跳、跳皮筋、拍小皮球、踢小足球、打小篮球、游泳等体育运动，这些项目既有助于增加少年儿童的身高，又不会伤害身体。

第 4 招：给孩子创造运动的条件

让孩子养成热爱运动的好习惯，妈妈要创造条件，鼓励、支持孩子参加各种体育锻炼，以增强孩子身体各部位的机能和适应环境的能力，增强孩子的体质。

第 5 招：妈妈要多参与孩子的运动游戏

运动不仅是完成肌肉运动的一个过程，也是一个非常重要的情感经历。妈妈要以自身的言行带动孩子，如果妈妈喜欢锻炼，那么孩子也会如此。由于许多孩子都是独生子，缺少玩伴，妈妈就不可避免地要充当这一角色——当孩子的玩伴，如与孩子一起拍球、传球、单腿跳等。妈妈与孩子一起运动时，若孩子有了微小的进步，应及时给予表扬和鼓励。这样做，既锻炼了自己又锻炼了孩子，可谓两全其美。

第八章

要当财富的主人，不做金钱的奴隶

从小培养男孩对金钱的认识是非常重要的，大人不要以为孩子小就不理解金钱，男孩都是充满好奇心的。儿童心理学家指出：小孩子对金钱的兴趣可以说是与生俱来的，早期的金钱教育对儿童树立一个正确积极的金钱观，形成良好的理财习惯与技巧有着不可估量的潜在作用。

从小灌输男孩的理财能力

跟小孩子谈钱，会腐蚀孩子幼小的心灵。出于这样的心理，很多妈妈在男孩面前闭口不谈钱，生怕跟孩子谈钱或让孩子过早地接触钱，会使孩子钻进“钱窟窿”，给孩子造成阴暗、负面的心理影响。这使得孩子对金钱没有正确的认识，“不会花钱”，更谈不上规划钱，规划自己的事业和人生。

有道是“君子之交淡如水”“谈钱伤感情”，自古以来，很多家长对金钱颇为敏感，在家里，更是不跟孩子谈钱。当孩子好奇地问：“妈妈，你一个月的工资是多少啊?”妈妈遮遮掩掩，支支吾吾，随便应付一下孩子。这种羞于谈钱的表现，会使孩子误认为金钱不是好东西，而且孩子从小对金钱没有概念，也不利于形成正确的金钱观。

不过，有的妈妈懂得和孩子谈钱，而且谈得很坦然，她们这样做是为了让孩子了解金钱，了解怎么赚钱，了解怎么花钱，了解怎么投资，从而养成积极健康的金钱观。

任女士在儿子不到三岁的时候，她就教儿子认钱，儿子 4 岁时能识别不同面值的人民币。平时，任女士很少主动给儿子钱，而是让儿子通过劳动挣钱。比如，让孩子捡塑料瓶子，让孩子帮爸爸擦车，以此来换取零花钱。

任女士说，她从来不怕过早跟儿子谈钱会让孩子变得唯利是图，让孩子知道钱不是天上掉下来的，让他切身体会挣钱的不容易，他长大了才不会乱花钱。她专门为儿子开设了一个账户，教儿子将余钱攒起来存进银行，聚少成多，累积财富。通过这一方式，使孩子认识到正确的投资可以使钱升值，钱还能“生钱”。

任女士还鼓励儿子自己出去打工赚钱。小学五年级的暑假，她鼓励儿子去帮舅舅卖菜，因为舅舅是菜农，常年卖菜。她说，让孩子早点接触社会，锻炼其独立生存能力，这对孩子有很大的帮助。

不少妈妈认为太早接触钱对孩子的成长不利，也没有必要让孩子打工。但这样做不利于孩子形成正确的金钱观，孩子不知道金钱是怎么来的，不知道赚钱的辛苦，很容易养成乱花钱的毛病。因此，妈妈有必要大胆地与孩子谈钱，谈赚钱、谈花钱、谈存钱，从小培养孩子赚钱的意识和赚钱的能力，让孩子知道钱是来之不易的。

在西方国家，家长从小就和孩子谈钱。据专家介绍，在美国，父母鼓励孩子赚钱。很多孩子 18 岁时，被父母“赶出”家门，自谋生路，这样做的目的是培养他们独立的生存能力。在美国，家长们明确规定了孩子应达到以下理财目标：

3 岁时，能够辨认硬币和美元纸币；

5 岁时，知道钱是怎么来的；

6 岁时，开始学习攒钱；

8 岁时，尝试做额外的工作挣钱，并把钱存到储蓄账户里；

9 岁时，学会制定每周的开销计划，购物时知道货比三家；

12 岁时，能够制定并执行两周开支计划，学会正确使用银行业务中的术语；

13 岁至高中毕业，尝试进行股票、债券等投资活动以及商务、打工等赚钱行动。

试想，如果我们也能按照这个准则，教孩子一步步认识金钱，那么还会担心孩子长大了不会赚钱、不善于花钱吗？

教子良方

第 1 招：让孩子掌钱

很多妈妈担心孩子乱花钱，所以剥夺了他们掌控钱财的机会，这样反而容易导致孩子养成花钱就伸手，有钱就花光的习惯。妈妈不妨多给男孩一些接触钱的机会，比如把零花钱的使用权交到孩子手中。妈妈还可以为孩子出谋划策，对稍大一点的孩子，给他准备一个账本，由他自己来记录支出和结余。这样做能培养孩子量入为出的理财意识，一旦形成了这样的好习惯，孩子将会受益终生。

第 2 招：模拟成人生活开支训练

在家里，男孩没有什么机会花钱。为了避免孩子将来长大了不知道怎么付电费、付房租、买食物、买衣服，可以鼓励年龄稍大的孩子为自己充公交卡、交电费，承担一部分家庭开支活动。妈妈还可以翻开账本，和孩子一起查看家里的钱是怎么花的，以帮助他了解该如何掌管家庭的“财政”。

第 3 招：教孩子货比三家

妈妈带着孩子购物的时候，要货比三家。在寻找物美价廉商品的过程中，跟孩子讲解比较的意义：比较是为了花最少的钱，买到最称心如意的商品。那么怎么比较呢？首先比较同类商品的外观、款式、质量、价钱，然后综合分析一下，哪个商品的性价比最好。

第 4 招：教会孩子挣钱

让孩子在劳动的过程中亲身体验赚钱的艰辛。一位母亲发现读小学的儿子平时总喜欢攀比消费，就和儿子签订了一份劳动协议，按照协议，每周六上午，儿子再也不能睡懒觉了，而要起来打扫房间。让母亲欣慰的是，儿子在这个过程中体会到挣钱的不易。一天，妈妈准备给他买玩具的时候，儿子说："妈妈，不买这个玩具了，太贵了，我要工作两个月才能赚到这么多钱呢！"

节俭是男孩必备的素养

勤俭是中华民族的美好传统。作为男孩的妈妈当然不希望自己的孩子变得吝啬，但节俭确是很必要的。节俭可以让孩子懂得珍惜生活。

当今的孩子生活在蜜罐里，从小没有受过什么苦。所以，很多孩子不懂得珍惜生活，对于父母给的零花钱肆意挥霍。

生活中，大部分孩子手中的钱主要来源于父母，从根本上来看造成孩子花钱大手大脚、奢侈浪费现象的原因，是父母对孩子消费习惯的约束不力。也许，这些孩子的父母没有告诉他们，要把钱花在"刀刃"上。

金金家庭条件不错，他过生日，家里亲朋好友聚集一堂举行"生日典礼"。第二天，金金又向妈妈要了300元钱，说是要请班上要好的同学在麦当劳庆贺生日，并说，同学的生日都很讲排场，自己也不能太寒酸。金金的母亲听后埋怨他太过于讲阔气，不知道珍惜钱，但还是给了金金300元。金金很高兴，以后这样的事情屡屡发生。他的妈妈苦恼极了。

其实，这就助长了孩子花钱的气焰，他不懂得这些钱是父母辛苦挣来的。

小刚的家庭情况一般。但学校里有些小孩穿着讲究，小刚很羡慕他们。一次，他争着吵着要妈妈买一件跟同学一模一样的衣服，看那件衣服价格不菲。妈妈没说什么，只是告诉他："这可不是一个小数目，你知道爸妈要工作多少天才能买那样一件衣服吗？周末去替爸爸送一天的报纸，感受一下爸爸的工作怎么样？"小刚欣喜地接受了。可当他替父亲送了一天报纸回来后，精疲力竭，妈妈问他："挣钱容易吗？还想花钱买衣服吗？"小刚难为情地说："我虽然很想要那件衣服，但是爸爸挣钱很辛苦，我决定长大以后能挣钱的时候再买。"妈妈听了自然很高兴，说："那好啊，从现在开始你要努力学习喔，为以后打下基础。"小刚从此以后就更听话了，不乱花一分钱，因为他知道钱是不容易挣的。

孩子往往不知道父母赚钱的辛苦，并对父母给予的每分钱抱有一种无所谓的态度。但是，当你带领他们参观自己工作的场所，特别是体力劳动者那些流血流汗的挣钱场所时，情况就大不一样了。他们的劳动会让孩子的幼小心灵产生一种震撼，从而深刻地记住挣钱的不易。

教子良方

第 1 招：从小事做起，养成节约的习惯

让男孩从小事做起，比如，吃饭的时候要吃干净，因为“粒粒皆辛苦”。吃零食的时候不能吃一半丢一半，一定要让他明白世界上还有很多人因为没有食物而挨饿。妈妈要时刻给孩子灌输这种思想，我们虽然有能力买，但一定不要浪费。告诉他，绳锯木断，水滴石穿，节俭更是如此，一日一钱，千日千钱，这是积累财富的最直接有效的途径之一。

第 2 招：让孩子明白金钱得来不易

妈妈可以带男孩子多多观察路人，比如环保工人、建筑工人。让他们明白挣钱是多么的辛苦，从而知道珍惜。让孩子懂得所吃、所穿、所用都来之不易，都是人们用汗水和心血创造出来的，随意浪费是不珍惜劳动果实、不尊重劳动的表现。让孩子经常参加劳动，体会劳动的艰辛。有条件的，可以带孩子去参观工厂的生产劳动过程，参观书籍、报刊的印制过程等。

第 3 招：父母以身作则勤俭持家

父母是孩子的第一任老师，尤其是妈妈的每一次行动都被孩子看在眼里。妈妈是孩子最直接的模仿对象。妈妈的行为和思想对孩子有潜移默化的作用，良好的花钱习惯是孩子受益一生的财富，所以大人本身就要做到勤俭持家，以实际行动来教育和影响孩子。

培养男孩正确的消费观

在现代社会，让孩子明白挣钱的不易，以及让他们知道节俭，这些还是不够的。因为我们还得让他们学会花钱，有一个合理的消费观念。让孩子从小学会理财，合理消费，把钱要花在刀刃上，这对他以后的人生也很有帮助。

生活中有很多人苦恼于不会合理消费，从而导致自己的生活陷入困境。合理消费的重要性无需赘言，所以，要帮助孩子避免这种命运，让孩子把消费控制在自己的掌握之中。当男孩冲动地不经过思考就花钱时，妈妈就应该告诉他如何做，并讨论人们都会遇到的财务问题。如果孩子在小时候就学会了这一课，那他长大后就不大可能遭遇财务危机。

有一天，妈妈带小明上街，孩子非要买3块钱一个的冰激凌，妈妈就告诉他3块钱可以买1斤黄瓜（6毛）、1斤西红柿（1元）、半斤豌豆（8毛）、三斤小白菜（6毛），这些菜我们一家3口两顿也吃不完。通过这样的比较，小明恍然大悟："原来3块钱可以买这么多的菜呀！"孩子了解了3块钱在生活中意味着什么，便主动对妈妈说："那我还是别买冰激凌了吧！"妈妈知道孩子这时候是又渴又热，对小明说："买根便宜的冰棍吧！"孩子非常高兴地接受了，结果仅花了3毛钱。小明的妈妈没有简单地拒绝孩子，而是利用上街的情境，用很简单的方式说服了孩子，让小明懂得了这3元钱的价值，也让他知道了怎样有计划地使用钱，把钱花在刀刃上。小明明白了钱的价值，这样就能支配钱，成为钱的主人。

在男孩的成长过程中，我们一定要让他明白钱的价值，知道怎样合理地使用钱，做钱的主人，而不是被钱牵着走。卡耐基曾说过，人类70%的烦恼都跟金钱有关，而人们在处理金钱时，却往往意外地盲目。的确，令多数人感到烦恼的，并不是他们没有足够的钱，而是不知道如何支配手中已有的钱。作为孩子来讲也是如此，妈妈有必要让孩子成为金钱的主人，对自己的花销负责。

教子良方

第1招：对花销做预算

妈妈应该与孩子一起对零花钱做个预算。比如，下周给他多少零花钱，一起讨论一下这个钱怎么花。或者储存起来，或者花一部分，不一定像大人一样合情合理，只要让孩子明白消费要有计划。还有一个有效的做法是，妈妈可以教导孩子养成记账的习惯，可以确知自己的钱都用在哪些地方，以及接下来要购置的物品。

第2招：向孩子示范理智消费

妈妈不妨在购物时带上孩子，货比三家，选择合适的那一家。而不是看到什么就不假思索地买下。可以跟孩子谈谈自己的消费计划，如家里需要添置什么，我们这个月应该买什么下个月再买什么等。让孩子有消费计划，不能冲动购物。而且，告诉他，怎样买合适，可以问问他的建议。

第 3 招：让孩子学会储蓄

让孩子存储零用钱，这不是妈妈的目的，只是一种手段，用意便是要让孩子懂得如何负责自己的“花销”，并可以完善地处理自己的开支，这才是每个妈妈要教会孩子真正的东西。买孩子想要的东西，可以让孩子花费自己的积蓄。

第 4 招：正面引导孩子，合理消费

妈妈在金钱的消费上可以很好地引导孩子。首先，妈妈要有正确的消费观念。可以与孩子一起探讨、一起商量，尊重他，给他一定的自主权。随着年龄的增大，孩子会做到合理消费的。

不要把金钱当利诱的工具

在孩子成长的过程中，父母的鼓励和认同是不可或缺的。但要注意的是，这种奖励必须是纯洁的，着力于精神的，有益于心灵的，而不是沾满铜臭味的。

一个新奇的玩具、一份孩子爱吃的小食品等物质奖励，对于幼小的孩子来说很容易鼓舞他发扬优点，改正缺点，刺激他继续进步。因此，它是说理教育的一个有效的辅助手段。但是，奖励必须注意方法，否则，弄不好会起到反作用。很多妈妈喜欢用金钱来奖励孩子，其实这并不是什么高招。

欢欢是个调皮的男孩，有时候不好好写作业，妈妈就想出了一个办法，用钱利诱。一天，欢欢在该做作业的时候又想去玩了。妈妈说："如果你现在做作业，那一会这五角钱就是你的了。"欢欢见有钱花，自然很高兴。他选择了做作业。可是，他的心思并不在这上啊，没过一会便敷衍地做完了。钱是拿到了，但妈妈发现欢欢的作业很是糟糕。接连几天，欢欢都会以这样的方式得到零花钱，做作业倒像是在帮妈妈完成了。妈妈为此很是苦恼，真不知道该怎么办。

上面的案例说明：钱与学习是不能混为一谈的，这样做的结果就是，成绩没上去，还让孩子以为钱就应该这样得到，从而自己不努力，不付出。这对孩子的成长是相当不利的。做妈妈的，要让孩子明白，钱是用劳动换来的，是别人对你劳动的肯定而给予的报酬。而不是自己为自己劳动。对于那些本该自己做的事情，比如学习、收拾房间等，妈妈不应该用金钱来奖励孩子，否则会误导孩子，使孩子认为学习是给妈妈学的，收拾房间是为妈妈做的，这样孩子就会变得自私、不懂感恩，是非不明。

教子良方

第 1 招：要让孩子明白什么是真正的付出

好妈妈要让孩子明白，只有自己付出辛苦了才能得到回报，分内的事本来就是应该做的，不会有回报。物质刺激过高、过频繁，会让孩子精神领域出现空白，产生错觉。有些妈妈为了让孩子考出好成绩，除了每天帮助孩子辅导功课外，更多的便是给孩子一些承诺和物质奖励。如果孩子考试得了多少分或得了班上前几名就给奖励，孩子会认为读书就是为了奖励，认为自己是为妈妈而学习的。妈妈的初衷是好的，但很可能事与愿违。

第 2 招：帮孩子建立正确的金钱观

好妈妈要让孩子明白金钱不是万能的，要冲淡孩子对于钱的执着。当然，孩子很早识钱是很有必要的，但一定要让他明白金钱得来的正确途径。社会的飞速发展也正在要求他掌握更多的知识与技能，从小对他进行适当的金钱教育，还是很必要的。

第 3 招：多给孩子精神上的鼓励

妈妈对于孩子的鼓励，不要仅仅局限于物质，要根据孩子的兴趣去奖励，多些精神奖励。可以将金钱奖励变成课外书奖励、看电影奖励、或者带孩子逛公园等，让奖励更有意义。这种奖励才会留在孩子的记忆深处，也能产生久远的作用。

第 4 招：告诉孩子付出才有收获，金钱亦如此

挣钱是不容易的，是不简单的。要让孩子学会真正挣钱的本领，懂得有付出才有收获的道理，最好是照顾到孩子的心灵需要，以发展孩子的综合个性。

要当财富的主人，不做金钱的奴隶

虽然有钱没钱都可能导致罪恶，但金钱本身并不可怕，关键是妈妈怎样教导孩子。孩子是通过观察你的言行来学习的。如果大人在吃饭的时候总是谈论什么东西值多少钱，那么，当你告诉孩子钱并不是一切时，孩子肯定会大惑不解。所以，从小告诉他，钱不是万能的。

金钱在生活中有许多用途，我们的衣食住行都离不开它。毫无疑问，金钱能解决诸多问题，能使我们过上富足的生活。但什么是真正的富足？是贪图富贵，挥金如土？还是只挣不花，做守财奴？男孩应该树立起怎样的金钱观呢？

小宝今年4岁了，妈妈平时不管去哪买东西，总忘不了给宝贝儿子添个新玩具。有时候领着孩子去逛商店，她会对儿子说："想要什么，只管对妈妈说！"结果让小宝觉得钱总是会有的，价格从来就不是问题。有一次，妈妈问小宝："怎么实现自己的愿望？"小宝不假思索地就说："用钱买！"妈妈惊愕了，孩子怎么会有这样的想法。殊不知，这种想法却是她自己亲手种上去的。

其实，花钱和爱孩子是不能划等号的。让孩子误认为钱就是爱的表现，那就真正让孩子陷入了误区。若让一个还不到13岁的男孩认为钱就是一切时，以后的他可能会一生为钱所累的，生命中可能就没有比钱更重要的东西了。

教子良方

第1招：妈妈要学会说"不"

带孩子购物时，一定要教育孩子，他的任务不是花钱，还有比钱更有意义的东西等着他去发现。千万不要给孩子灌输要什么就花钱买的思想，孩子的世界很单纯，他们对钱最初的印象可能影响其一生。告诉他，钱可以买到你想要的某个玩具，但并不能买到所有的玩具，有些东西是不出售的。所以，当孩子对你提出无理的金钱要求时，对他说不。

第 2 招：不要用金钱来诱导

有些妈妈为了让孩子好好学习，就用金钱来诱导，规定考试考多少分就奖励多少钱。久而久之，潜移默化，可能就在孩子们的心里形成了钱能解决一切、钱能换来一切的不良观念。给予孩子一个拥抱、一个亲吻，是比给金钱更好的鼓励。

第 3 招：真正的富人拥有什么

告诉孩子，真正的富人拥有的不只是金钱，还有知识、爱心。让他明白，金钱只是生活中的一小部分，而不是全部，只拥有金钱的人是不幸福的。妈妈可以给孩子多讲一些富人帮助穷人的故事，富人用金钱帮助了别人，换来了感激，他才会变得幸福。

第 4 招：帮孩子认识与金钱的关系

好妈妈应告诉孩子，我们与金钱的关系就像主人和仆人的关系，人是金钱的主人，当你需要它的时候才让它出现，让它听从主人的吩咐做事，而不是在不需要它时还出来干扰我们的生活。

第九章

良好的心态，源于生活的修养

对一个男孩来说，他将来是否能有一番成就，不在于他认识多少字，也不在于他考多少个100分，而在于他能否有积极健康的心态。比如，积极进取的心态、感恩的心态、分享的心态、谦虚的心态等。这才是一个健康的男孩应该具备的良好心态，有了这些心态的男孩才能更好地适应社会。

宽容是男孩应有的教养

宽容是一种品德，也是一种智慧。如果妈妈让孩子学会了宽容，那么他就掌握了跟任何人交往的一种智慧。学会了宽容，就会拥有一份很好的人际关系；而好的人际关系，则会带给人快乐的生活。

有一位哲人曾经说过：“一个人的胸怀有多大，事业就有多大。”对于一个好妈妈来说，要想孩子将来拥有成功的事业、快乐的人生，首先就要让他学会宽容。

宽容是品德，也是一种智慧，如果妈妈让孩子学会了宽容，那么他就掌握了跟任何人交往的智慧。学会了宽容，就会拥有一份很好的人际关系；而好的人际关系，则会带给人快乐的生活。

宽容还体现了一个人的素养与气度，表现了一个人的思想水平，一个人学会了如何善待他人的短处，才可以与他人和睦相处；一个人学会了如何正确对待他人的长处，才会不妒嫉别人，从而不断地取得进步。

现在的孩子大多以自我为中心，不管发生什么事情，很多人首先想到的是自己，而不是他人。如果他人做错了事，根本没有一点宽容之心，往往会逮住他人的缺点不放。

妈妈给小伟买了一本《喜羊羊与灰太狼》故事书。下课了，小伟拿出故事书高兴地翻阅。这时，小伟的同桌非常想看一看，就伸手过来拿，小伟以为同桌要抢他心爱的故事书，就死死抓住不放，结果一不小心书就被撕坏了。小伟很生气，不但让同桌赔他新的故事书，

还把这件事告诉了班主任老师。结果，小伟的同桌被老师批评了一顿。

晚上回到家，小伟把这件事告诉妈妈听。妈妈就告诉小伟要多宽容别人，多为别人想想，但小伟对妈妈的话却不以为然。他认为，做错了事就一定要受到惩罚。为此，妈妈决定找机会让小伟亲身体味一下不被人宽容的滋味。刚好吃晚饭的时候，小伟不小心把一碗饭打翻了，妈妈想这正是教育儿子的好机会。于是，妈妈故意大声对小伟说："你怎么搞的，吃饭也不好好吃，浪费粮食，罚你今天晚上不许吃饭了。"

小伟看到妈妈这种态度，委屈地哭了起来："我又不是故意的。"这时，妈妈连忙温柔地对小伟说："谁都有不小心犯错误的时候，妈妈只是想告诉你，因为不小心犯了错误而不被人原谅是很不舒服的。这正如你不原谅你同桌的不小心弄坏了书，还让老师批评他一样。你说，是吗?"

于是，小伟便不好意思地低下了头。从此以后，小伟在与同学朋友相处时都能宽容地对待别人无心的过错。小伟学会了宽容，从而也赢得了不少的朋友。

妈妈从小教孩子学会宽容，不仅是为了孩子能处理好同学关系，更是为孩子将来的发展奠定基础。小伟的妈妈是一位非常善于教育孩子的妈妈。她不仅在恰当地时机对孩子进行了恰当的教育，也使孩子对宽容有了更深的理解。她的教育方法是值得年轻的妈妈学习的。

教子良方

第 1 招：妈妈要为孩子树立榜样

孩子的宽容之心最主要的来源就是妈妈。孩子最初是从妈妈那里学习待人接物的方式的。妈妈宽容、大度、遇事不斤斤计较，与邻里、同事之间融洽相处，孩子就会学着妈妈的样子处理同学之间的关系，也会变得宽容、善良、乐于与人相处。

第 2 招：教孩子学会“换位思考”

许多孩子只习惯于从自己的角度思考问题，而不习惯于站在别人的角度上去思考问题。要消除这种现象，办法就是“换位思考”。所谓换位思考，就是指当双方产生矛盾时，能够站在对方的角度上思考问题，思考对方何以会如此行事、如此说话。如果真的能够做到这一点的话，就能够理解对方，就能够减少很多不必要的矛盾。

第 3 招：教孩子学会理解他人

妈妈要告诉孩子，金无足赤，人无完人，有缺点和不足乃是人性的必然。我们没有必要事事计较，事事都摆个公平合理。多原谅，多给人一次宽容和理解，同时也就为自己多积累了一份好心境，也会使自己觉得在个性完善的道路上又向前迈进了一步。

当然，宽容不是怕事，不是懦弱，不是盲从，不是人云亦云，这一点是必须向孩子讲清楚的。必须让孩子知道，宽容是明辨是非之后对同学、朋友的退让，而不是对坏人坏事的妥协。

第 4 招：让孩子多与同伴交往

在孩子与同伴交往的过程中，妈妈要特别注意引导孩子宽容比自己强的同伴、比自己“差”的同伴和自己的竞争对手。让孩子不嫉妒比自己强的同伴，不嘲弄比自己“差”的同伴和不故意为难自己的竞争对手。让孩子向好同伴学习，帮助“差”同伴，学会与竞争对手合作。

第 5 招：鼓励孩子“纳新”和应变

宽容不仅体现在对人的态度上，也表现在对物和事的态度上。妈妈要引导孩子见识多种新生事物，让孩子喜欢并乐意接受新生事物，承受事物所发生的意想不到的变化，善知变和应变。如让孩子了解各种奇观奇迹，观察生活日新月异的变化，允许孩子独辟蹊径地解决问题。孩子一旦习惯于“纳新”和“应变”，他对世间的万事万物也就具备了宽容之心。

分享是一件让人快乐的事

分享可以帮助孩子赢得玩伴，使他在活动和交往的过程中获得言语表达、人际交流等技能；分享可以帮助他学会与他人和睦相处，促进孩子的社会化；分享还可以帮助他学会在今后与人共同生活、合作共事。

分享是一种美德，也是一种智慧，孩子可以从充满童趣的分享活动中真切感受到分享带来的快乐，这对他正确理解分享以及他将来健全人格的形成都具有十分重要的作用。然而，对于心理发展水平还处于以自我中心的幼儿来说，分享显然不是一件容易的事。

于是，我们常常可以听到孩子这样说：“这些玩具都是我一个人的，不准你们碰。”“巧克力、牛肉干、薯片都是我爱吃的，你们谁都别吃。”其实，小孩子不肯与人分享是很自然的，因为他们还太小，他只知道分享就是失去自己所拥有的。

事实上，分享可以帮助孩子赢得玩伴，使他在活动和交往的过程中获得言语表达、人际交流等技能；分享可以帮助他学会与他人和睦相处，促进孩子的社会化；分享还可以帮助他学会在今后与人共同生活、合作共事。因此，让孩子学会分享需要做妈妈的给予正确的引导。

克鲁斯在院子里玩自己的棒球，正玩得高兴的时候，他看见邻居的小男孩汤姆骑着一辆小三轮车，车子十分漂亮可爱，克鲁斯不禁扔下自己手中的玩具，冲向汤姆的车子。

“可以给我玩一下吗?”

“不行，这是我的!”

“我要玩。”

“不行，这是我的。”

“可是我想玩。”

克鲁斯见和汤说不通，于是就动手抢起来。这个时候，一直没有开口的汤姆的妈妈说话了：“汤姆，你已经骑了一会儿车子，不想玩一下其他的东西吗？也许克鲁斯愿意让你玩他的玩具，你看，多讨人喜欢的棒球啊!”

一直在摇头的汤姆突然停下来了，看了一眼克鲁斯的玩具，犹豫地望着克鲁斯。

“当然可以，当然可以。”克鲁斯忙不迭地点着头，这时他一心想着踏上汤姆的车，忘掉了其他。

分享并不是一种与生俱来的品质，孩子都会有很强的占有欲，因此，需要做妈妈的用一些好的方法来纠正孩子的想法。当孩子能够明白与人分享的意义，并体味与人分享的快乐时，他就会乐于与别人分享好吃好玩的东西；对别人说一些关心体贴的话；同情并帮助有困难的人；不计较别人的过错；对别人能够宽容和谦让。

教子良方

第 1 招：通过移情引导孩子与他人分享

当孩子还只是一个小婴儿的时候，妈妈就要让孩子学会与他人分享东西。当孩子不愿意和别人分享自己的东西，但又希望能够分享他人的东西时，妈妈应该充分了解孩子希望获得他人东西的心理特征，通过移情训练，让孩子站在他人的角度去思考问题，引导孩子与他人分享自己的东西。

第 2 招：妈妈要学会分享孩子的东西

如果妈妈想让孩子学会与他人分享，最重要的是自己首先要坦然地与孩子分享。在妈妈分享的过程当中，孩子不仅学会了与人分享，而且明白了应该尊敬长辈，关心父母。

第 3 招：用交换的方法让孩子学会分享

大多数妈妈都不希望自己的孩子自私，希望孩子能够学会与人分享。因此，妈妈就会通过很多方法让孩子学会与他人分享。有好吃的、好玩的，妈妈可以鼓励孩子带到学校去，跟小朋友们分享，这样多鼓励几次，孩子就会知道与人分享的乐趣，并且还知道了不能损坏别人的东西，对待别人的东西要像对待自己的东西一样爱惜。

第 4 招：要注意在关键期加强引导

在孩子分享行为能力发展的关键期，妈妈要抓住这个时期，在日常生活中加以引导。比如在宝宝与家人或小朋友共处时，要引导他与家人或小朋友分享食物、玩具等，充分利用这个关键期，促进分享行为能力的发展，更好地获得社会交往的技能。

第 5 招：切记不要强迫孩子分享

分享应该是一件快乐的事情，做妈妈的不要为了面子而强迫孩子分享，让孩子感到恐惧和痛苦。在让孩子分享之前，一定要征求孩子的同意。如果孩子不同意，则尊重孩子的意愿，告诉另一方：“很抱歉，他不同意。”切忌为了显示大方而替孩子做主，把玩具交给他人。

让男孩拥有一颗感恩的心

感恩是一个人应该拥有的本性，也是一个人拥有健康性格的表现。没有一颗感恩的心，孩子永远不能真正懂得孝敬父母，更不会主动地帮助别人。因此，好妈妈要让孩子知道感谢关爱自己、帮助自己的人，对他人的帮助要时时怀有感激之心。

感恩是一种处世哲学，也是生活中的大智慧。一个人懂得感恩，他就会感谢生活的赠予，这样的人才会有一个积极的人生观和健康的心态。感恩是一份美好的情感，是一种健康的心态，是一种良知，是一种动力。一个人有了感恩之情，生命就会得到滋润，并时时闪烁着纯净的光芒。一个懂得感恩并知恩图报的人，才是天底下最富有的人。

现在，很多妈妈对孩子过于溺爱，把养育孩子当成自我情感的满足，给孩子处处创造优厚的生活条件。在妈妈的溺爱下，孩子只知受惠，不知感恩；只知索取，不知奉献；只知攀比，不知回报；只知被爱，不知责任。妈妈的这种做法，是非常不利于孩子成长的。所以，妈妈在爱孩子的同时，也应该让孩子学会去爱别人，要让孩子明白没有任何一种爱是理所应当的。让孩子学会感恩，也就是在他心里种下了一粒快乐的种子。

在一个闹饥荒的城市，一个家庭殷实而且心地善良的面包师把城里最穷的几十个孩子聚集到一块，然后拿出一个盛有面包的篮子，对他们说："这个篮子里的面包你们一人一个。在上帝带来好光景以前，你们每天都可以来拿一个面包。"

瞬间，这些饥饿的孩子一窝蜂涌了上来，他们围着篮子推来挤去大声叫嚷着，谁都想拿到最大的面包。当他们每人都拿到了面包后，竟然没有一个人向这位好心的面包师说声谢谢，就走了。

但是有一个小男孩却例外，他既没有同大家一起吵闹，也没有与其他人争抢。他只是谦让地站在一步以外，等别的孩子都拿到以后，才把剩在篮子里最小的一个面包拿起来。他并没有急于离去，他向面包师表示了感谢，并亲吻了面包师的手之后才向家走去。

第二天，面包师又把盛面包的篮子放到了孩子们的面前，其他孩子依旧如昨日一样疯抢着，羞怯、可怜的小男孩只得到一个比头一天还小一半的面包。当他回家以后，妈妈切开面包，一些崭新、发亮的银币掉了出来。

妈妈惊奇地叫道："立即把钱送回去，一定是揉面的时候不小心揉进去的。赶快去，孩子，赶快去！"当小男孩把妈妈的话告诉面包师的时候，面包师面露慈爱地说："不，我的孩子，这没有错。是我把银币放进小面包里的，我要奖励你。愿你永远保持现在这样一颗平安、感恩的心。回家去吧，告诉你妈妈这些钱是你的了。"

小男孩激动地跑回了家，告诉了妈妈这个令人兴奋的消息，这是他的感恩之心得到的回报。

怀着一颗感恩的心去面对生活，每一天都将是快乐的；怀着一颗感恩的心去面对生活，将变成世界上最幸福的人；怀着一颗感恩的心去面对生活，生活将给予你最丰厚的奖赏。感恩是一个人应该拥有的本性，也是一个人拥有健康性格的表现。没有一颗感恩的心，孩子永远不能真正懂得孝敬父母，更不会主动地帮助别人。因此，好妈妈要让孩子知道感谢关爱自己、帮助自己的人，对他人的帮助要时时怀有感激之心。

教子良方

第 1 招：对孩子不要过度关心

不要对孩子付出太多、干预太多，不要为孩子打理一切事务。如果妈妈对孩子的保护过多，那么孩子就会渐渐习惯妈妈的包办代替，就会认为这一切都是理所当然。久而久之，孩子就很难再感谢妈妈对他所做的一切了。

第 2 招：不要让孩子吃“独食”

从小让孩子吃“独食”，会让他觉得好东西给他都是理所应当的。如果孩子习惯了被给予，只知道索取，便很难在以后的生活中考虑别人的感受。一个从小就不懂得关爱别人、关爱父母的孩子，他长大以后也很难成为一个有爱心的人。

第 3 招：从培养孝心开始，让孩子懂得感恩

妈妈要让孩子从小就知道，自己的生命是妈妈历经十月怀胎的种种磨难，甚至冒着生命危险给予的，是妈妈无微不至的关怀才让自己成长起来的。妈妈还应该让孩子知道，他的衣食住行都是由父母的辛勤劳作提供的，让他们学会从心里感激和敬重父母。

第 4 招：妈妈要给孩子树立感恩的榜样

要想让孩子有一颗感恩的心，妈妈首先就要做一个心存感恩的人。妈妈在孩子面前，不要轻易诋毁别人的善意，还要为孩子做出榜样。如果家中有老人，有好吃的要先给老人吃，逢年过节给老人送礼物；如果老人离得较远，应该经常给老人打打电话。要让孩子看到妈妈不仅对自己有爱，对长辈也有爱。身教的力量远远大于言教。这样，孩子就会在妈妈的影响下养成感恩的好习惯。

第 5 招：让孩子知道父母的艰辛

妈妈要经常给孩子讲一讲自己生活和工作的艰辛。每一位父母在工作中都很不容易，但做父母的因为怕艰难的现实生活会给孩子带来

压力，所以总是爱给孩子一张笑脸，给孩子一个超脱的环境。其实，如果妈妈能经常告诉孩子一些自己的苦恼，那么孩子就会在体谅和感恩中渐渐长大。

第6招：给孩子回报的机会

在日常生活中，妈妈要善于向孩子索取，以培养他的报恩意识。比如，有好吃的东西，不要都给孩子一个人吃，要让孩子和家人一同分享；当自己累了困了时，可以让他帮忙端杯水、泡杯茶，当孩子在关心妈妈方面做出行动时，妈妈要表示高兴或感谢。这样时间一长，孩子自然而然就会懂得感恩。

从小教男孩以谦虚为美德

一个人多一份虚心，就会多一点不断努力的上进心，一个人少一份骄傲，就会少一点盲目自满自足的惰性。

谦虚指虚心、不自满，能接受别人的意见和批评，有着虚怀若谷的精神和实事求是的态度。谦虚不仅是一种美德，更是一种人生的智慧。古往今来，对人类作出重要贡献的思想家、政治家、科学家、文学家，大多是谦虚的人。

19世纪60年代，法朗士等一批法国文学青年，决定创办一个文学刊物，他们写信给大文豪维克多雨果，请求他写一封回信作为该刊的序言。雨果几天后回了信，青年们打开看，只见里面写着："年轻人：我是过去，你们是未来。我是一片树叶，你们是森林。我是一支蜡烛，你们是万道霞光。我只是一头牛，你们是朝拜耶稣的三博士。我只是一道小溪，你们是汪洋大海……"看了回信，他们简直不能相信这是雨果写的。后经雨果女友朱丽叶特证实确是出自雨果之手，然而，他们担心此信会影响雨果的名誉没能发表。

其实，这封信恰恰是雨果谦虚品质的生动体现，它不仅无损诗人的名誉，相反从另一侧面反映了作家伟大和高尚的品格。

一个人只有保持谦虚的品质，才能不断地进取，才能增长更多的知识和才干。因为谦虚的品格能够帮助他看到自己的差距，永不自满，不断前进；可以使人虚心地倾听他人的意见和批评。否则，骄傲自大，满足于现状，就会停步不前。

在生活中，每个孩子都有值得骄傲的一面，但是产生了骄傲自满的情绪，孩子就会变得不求上进，满足于已取得的成绩。所以，好妈妈要及时帮助孩子戒除骄傲的恶习，养成谦虚的好品质。

晓晨是小学二年级的学生，聪明好学，勤奋向上。在一次朗诵比赛中，他又获得了班上的最佳朗诵奖，心里像吃了蜜一样甜。回到家后，他把朗诵稿交给奶奶，得意地对奶奶说："奶奶，你把这个稿子念一段给我听听，怎么样？"

奶奶拿起朗诵稿看了看，然后尴尬地笑着对晓晨说："晨晨，奶奶没读过书，不认识字。"

晓晨更加得意了，他快速地冲进客厅，得意忘形地对妈妈喊道："妈妈，奶奶不识字，可是我这么小，就得了朗诵奖状，这是多么了不起啊。你看奶奶，一个字也不认识，这太可怜了，我不知道她心里是什么滋味。"

妈妈皱着眉头看了看晓晨，没有说一句话，她走到书架旁，拿下一本书，递给他说："你看看这本书，就能体会到她心里的滋味了。"那本书是用法文写的，晓晨一个字也不认识，他的脸涨得通红，手足无措地站在那儿，一句话也说不出来。妈妈仔细地看了看晓晨，然后严肃地说："没错，奶奶没读过书，所以不认识字。可是你要记住，你不会法文！”

晓晨永远都不会忘记那次的教训，无论什么时候，只要想在别人面前吹嘘的时候，他就马上提醒自己：“记住，你不会念法文！”

晓晨的妈妈，用一本法文书，敲响了晓晨骄傲的警钟，让他懂得了谦虚。谦虚的品格，能使一个人面对成功、荣誉时不骄傲，把它视为一种激励自己继续前进的力量，而不会陷在荣誉和成功的喜悦中不能自拔。

教子良方

第 1 招：让孩子认识骄傲的危害

好妈妈应该让孩子认识到，骄傲是成长的绊脚石，任何成绩的取得都是阶段性的、局部的，只能作为一个起点。在学习上，知识是无边的海洋，如果一时一事暂时领先就忘乎所以，则是知识不够、眼界不宽的表现。妈妈可以有意识地给孩子介绍一些成功者的经验，告诉他们，古今中外有所作为的人大多是在取得成绩后仍能保持谦虚奋进的品质。

第 2 招：帮助孩子全面地认识自己

孩子产生骄傲的情绪，往往源于自己某方面特长和优势，妈妈应该先针对孩子的这种骄傲作出分析：是学习成绩比较好、有某方面的艺术潜质，还是有运动天赋等。然后应让孩子认识到，他身上的这种优势只不过限定在一个很小的范围内，放在一个更大范围就会失去这种优势；正确的态度应该是积极进取，而不是骄傲懈怠；并且优势往往是和不足并存的，应该注意努力弥补自己的不足。

第 3 招：让孩子正确面对批评

批评往往直指一个人的缺点，如果一个人能够接受批评，他就能够比较清楚地看到自己的缺点。对于孩子来说，他在评论自己的时候经常会出现偏差，原因是“不识庐山真面目，只缘身在此山中”，若能经常虚心听取别人的批评，就能不断充实和完善自己。

第 4 招：开拓孩子的视野

狭窄的眼界和胸怀往往也容易滋长骄傲情绪。因此，好妈妈还要培养孩子的广阔胸襟，引导孩子走出自我的狭小圈子，带他们到更广阔的地方走走，陶冶他们的情操。让孩子了解更多的历史名人的成就和才能，以丰富的知识充实头脑。从而变骄傲为动力，使孩子认真学习，拥有更为广阔的知识视野。

大声告诉自己：“我能行！”

孩子将来必然要为进入好的学校、找到好的工作和做好的事业与其他人竞争，如果淡化孩子争强好胜的意识，只能影响他将来在这个竞争社会中的生存。面对现实，不害怕竞争，勇敢应对，才有取得胜利的希望。

在生活中，做妈妈的经常会听到儿子对自己讲起他的目标、他想赢过谁以及他所取得的成绩等。你也许会疑惑孩子小小的年纪，其内心的竞争意识是从何而起的？

然而在美国，人们崇尚竞争，迷恋运动。他们鼓励孩子参加篮球队、足球队或者其他的体育团队。他们认为，通过各种体育活动，可以让孩子身体健康，充满活力；通过参加团体协作的活动，可以培养孩子的合作精神；竞赛性的活动还可以让孩子体味竞争的乐趣、学会承受失败的痛苦、品尝胜利的喜悦，有助于培养孩子积极、乐观、坚强、向上的性格。

在美国，学校与学校之间经常会开展校际间的足球赛。其中有一所学校，学生能否参加学校足球队，不是体育老师说了算，也不是教练去挑选，而是看学生自己能不能通过一个“淘汰竞争”的测试。对于每一个想参加足球队的学生来说，机会是均等的。谁都可以参加竞争，但能否参加足球队，要看自己在竞争中的表现。

“淘汰竞争”开始时可能是绕学校跑3000米，接着是三组400米，然后是四组100米往返跑。这些路跑下来，学生们已经累得走路都歪歪斜斜的，但竞争远远没有结束。他们又开始了绕学校跑3000米，然后是三组400米、四组100米往返跑，这一轮下来，学生们几乎是筋疲力尽。但还会有第三轮、第四轮。赛场上有的孩子抽筋，有的孩子晕倒，有的孩子呕吐……

有一位华人母亲坐在赛场的观众席上看得心惊肉跳，她想把儿子从赛场上叫下来，但让儿子做第一个要求主动退下来的人，她又有些难以决断。最后究竟跑了多少圈，她也记不得了。

最后，这位母亲忍不住问儿子：“那些跑在后面的，看来是没有希望了，为什么不干脆退出呢？”

儿子严肃地说：“自己退出去和选不上是两回事，你可以退出足球队，退出网球队，可一直退下去，还能退到哪里？再说没到最后一分钟，谁都有机会。现在看着跑在前面的，说不定下一轮就落后了。”

当今社会中，竞争是客观存在的，谁也不能改变这个事实。孩子将来必然要为进入好的学校、找到好的工作和做好的事业与其他人竞争，如果淡化孩子争强好胜的意识，只能影响他将来在这个竞争社会中的生存。面对现实，不害怕竞争，勇敢应对，才有取得胜利的希望。

教子良方

第1招：重视男孩的竞争心理

男孩普遍有强烈的竞争心理，当他们真正达到自己心中的目标时，他们便会产生一种成就感。而对于男孩来说，成就感是促进他们充分发展潜能的重要动力之一。

第 2 招：鼓励孩子参与竞争

中国妈妈习惯用“听话”“乖”作为评价好孩子的标准，但是听话的孩子往往缺乏个性，没有勇气抗争压力。从生存发展来看，应该从小培养孩子独立自主、敢想、敢说、敢干、勇于创新的精神，鼓励孩子勇于迎接挑战、挫折与艰辛，勇敢地走出家庭的保护，融入社会，体验生活和竞争。

第 3 招：让孩子相信自己

相信自己，本身就是一种自我竞争意识。一个连自己都不敢相信的孩子，已经从根本上失去了和别人竞争的能力。好妈妈要让孩子用自己的眼睛看世界，用自己的语言表达内心感受。孩子学会用自己的价值观判断是非，才能决定自己“怎样生活，怎样学习，怎样做人”。当孩子给自己一个正确的定位后，就会有信心和能力去实现所追求的目标。

不要轻易否定自己

有人说嫉妒使得原本善良的心和纯洁的眼睛蒙上了尘埃，看不清真实。嫉妒让人们成为跳梁小丑一般，在别人的光鲜或成功中伤感哀怨。嫉妒不可取，让男孩从小远离嫉妒，是每个妈妈应做到的。

嫉妒就是自己对自己的否定和惩罚，是用别人的优秀惩罚自己。尤其是男孩子，要有宽大的胸怀去容纳别人。每个人都有自己的骄傲，当然也有卑微。把自己的卑微放在别人的高贵面前，自然是无法比的，而且是很浅薄的。当然，嫉妒之心，人皆有之。这种负面情绪几乎是与生俱来的，国外有人做过实验，把几个月大的孩子与妈妈放在一起，他们安静。但当他们的妈妈对别的孩子表示爱抚时，大部分婴儿会哭，来表示自己的嫉妒与不满。当孩子稍微大一点，他见到其他小朋友的玩具比自己的好，穿的比自己漂亮就不高兴……其实，这是很浅薄的心态，这种浅薄会吞噬孩子美好的心灵。

最近，表弟来到强强家做客。开始，强强还很高兴地与表弟一起玩耍。可当他看到妈妈抱或亲小表弟时，强强就会对小表弟表现出很强的敌意，经常让妈妈陷入难堪。这时，妈妈才意识到强强的嫉妒心在作祟。于是，妈妈打开了强强以前的照片，与他一起分享小时候的故事，告诉他妈妈非常爱他。强强自然很开心，妈妈接着又说："小表弟现在就像你小时候一样需要很多的照顾，你现在长大了，能帮妈妈一块来照顾他吗?"强强这时候就像一个男子汉一样，对妈妈说："放心吧妈妈，我会照顾他的!"从那以后，强强经常和表弟一起玩耍，哄小表弟高兴，也体会到了做哥哥的乐趣。

所以，妈妈要经常教导男孩子积极向上。尽管嫉妒是孩子的一种可以理解的正常情绪反应，但如果嫉妒情绪过多过强，时间一久，它就会成为孩子人格的一部分。这样的他们将来走上社会，很可能因别人的成功而让自己陷入苦闷。嫉妒心过强的男孩会自私而缺乏关心他人的美好品质，孤立自己，不利于心理健康发展。如果情况严重，嫉妒可能会变成一种仇恨，对别人采取报复行为。

教子良方

第 1 招：积极引导，让孩子自我完善

嫉妒是毒药，但如果处理得当，也会有积极的作用。妈妈可以这么做：孩子产生嫉妒心理后，不妨把它引导到让孩子树立正确的竞争意识上来。妈妈可以这样告诉他，人各有长短，你也有闪光点的，只要自己肯努力就行。同时，好妈妈还要告诉孩子，别的孩子获得成功了，肯定有许多优点值得你去学习，你要努力学习人家的长处，这样你才能不断进步，取得成功。

第 2 招：培养孩子豁达的性格

好妈妈应该培养孩子豁达的性格、宽广的胸怀。孩子好胜心强，希望自己能够超过别人，不断获得进取的动力，证明他积极向上。这一点对男孩子来说是很重要的。但妈妈要引导孩子懂得，那种只允许自己领先，容不得别人超过自己的心理是狭隘的，每个人都有获得成功的权利与潜力。在人生的道路上，重要的不是超越他人，而是超越自己。

第 3 招：帮孩子发现自己的优势

妈妈要及时帮助孩子发现他的优点，当孩子为没有得到老师的夸奖而嫉妒别人或者表现沮丧时，告诉他，尺有所短，寸有所长。你这里没做好，不等于别的地方没做好啊。你热爱劳动，还热心，邻居都在夸你呢。

第 4 招：在潜移默化中影响孩子

在日常生活中，家长的一言一行都会影响到孩子。因此，妈妈先要养成开朗、豁达、包容的个性，不为一些琐事斤斤计较，为孩子树立一个良好的榜样。久而久之，孩子就会在潜移默化中形成豁达包容的良好个性。

第十章

会说话，不如教导男孩好好说话

古人云：“一言可以兴邦，一言可以丧邦。”“一言之辩，重于九鼎之言；三寸之舌，强于百万之师。”当今社会，口才的重要性不言而喻。语言使嘴巴的功能早已超越其生理功能，它是人们心智的表现，是表达思想的直接工具。说话的能力，从古至今受到人们的重视。因此，妈妈要注重锻炼男孩的口才。

给男孩一个介绍自己的机会

每个男孩都有自己的故事，做妈妈的是否知道呢？这个故事可能是孩子亲身经历的，也可能是发生在同伴身上但孩子亲眼目睹的，还可能是孩子根据自己的想象编出来的。只要妈妈耐心倾听，经常鼓励孩子讲这些故事，孩子的表达能力就能得到锻炼。

男孩都充满好奇之心，喜欢探索，因此他们的经历非常丰富。对于发生在自己身上的事情，他们最为熟悉，因此讲起来自然得心应手。所以，培养孩子的口才时，不妨鼓励孩子讲自己的故事。孩子讲得多了，表达能力也就自然而然得到了锻炼。

午饭后，林女士让儿子欢欢把几个邻居家的小朋友叫到家里来玩。起初孩子们在一起做游戏，接着林女士让大家休息一会儿，围坐在一起，鼓励大家讲故事：“每个小朋友都讲一个故事吧！看谁讲的故事最生动。”遥遥很踊跃，她第一个讲：“一天，妈妈送我去上学。在路上我看见一位老爷爷过马路，妈妈鼓励我过去扶老爷爷。我扶着老爷爷过马路后，老爷爷夸我是个好孩子，我可开心了。”

遥遥讲完后，欢欢接着讲：“暑假的一天，妈妈要加班，爸爸出差了。快到中午了，我肚子饿得咕咕叫。我打开冰箱，发现里面没有吃的。于是我决定到楼下的超市去买吃的，我从存钱罐里拿出两块钱，然后来到超市。两块钱能买什么呢？我找啊找，发现方便面两元一包，我就买了一包。回到家里，我把泡面放进锅里，然后把开水倒进去，再煮了一会儿，香喷喷的泡面就煮好了，我迫不及待地狼吞虎咽起来……”

鼓励孩子讲自己的故事，既可以锻炼孩子的表达能力，也能让妈妈更好地了解孩子的遭遇、心理和感受，便于妈妈及时指导孩子。相反，如果对孩子的故事不闻不问，孩子只有把自己的故事憋在心里，有趣的经历无法和别人分享，不幸的遭遇和感受得不到宣泄。时间长了，容易影响孩子的心理健康。

让孩子把自己的故事讲出来，其实就是让孩子说出心里话。也许有时候孩子讲的事情比较离谱，但即便如此，妈妈也不应指责或取笑孩子。指责或取笑只会打击孩子讲故事的积极性，下次孩子讲故事的时候就会有所顾忌，害怕讲了不好的事情被父母批评。

不少妈妈抱怨男孩太叛逆，没办法和他们沟通。其实，想要打开男孩的心门，探一探他的内心世界，妈妈可以鼓励孩子讲述自己的故事。这样既能了解孩子的想法，又能锻炼孩子的口才，可谓一举两得。

教子良方

第 1 招：让孩子和你分享快乐的故事

我们常说快乐需要分享，不分享憋在心里反而对自己不利。孩子有了快乐的经历，也有必要及时讲出来，比如孩子在体育比赛中获奖，得到了老师的赞扬，孩子一定非常开心，希望把高兴的事情告诉妈妈。这时候，妈妈即使再忙，也要抽空听孩子讲开心的故事。

第 2 招：倾听孩子的不幸遭遇

男孩在学校做了件好事，却被人误解，比如，孩子将捡到的一支笔交给老师，却被同学们误认为是小偷，同学们说：“偷东西害怕被发现，才会把东西交出来。”遇到这种事情孩子一定非常郁闷，如果发现孩子表情不对，妈妈要及时询问孩子。如果孩子主动讲述自己的经历，妈妈更应该耐心地倾听，然后给孩子适当的安慰。

第 3 招：孩子改编的故事也值得倾听

如果妈妈经常鼓励孩子编故事，听孩子编故事，那么孩子编故事的积极性就会被激发出来，孩子的表达能力也能在讲故事的过程中得到锻炼。听的时候要积极地和孩子互动，比如针对故事提一些有趣的问题，让孩子解答，或给孩子适当的赞扬。

第 4 招：多给孩子提供开口的机会

只要功夫深铁杵磨成针，想要锻炼孩子的口才，就要给孩子提供练嘴的机会。孩子说得多了，才有可能说得好。鼓励孩子讲他最熟悉的事情，表达对孩子的关心和兴趣，可以激励孩子更好地锻炼口才。

表达能力需要从小培养

许多男孩不爱或者不敢当众讲话，这样可能会影响他将来的人际关系。当众讲话应从小抓起，自信应从小培养，等到孩子长大为成年人后再学习，就已经影响到他们的发展了。

有的男孩是“茶壶里煮饺子，有货倒不出”，在众人面前讲话就犯难了。面对不敢当众讲话的问题，妈妈可以给孩子提供当众发言的机会。比如，家里来客人了，鼓励孩子与客人讲话。如果能坚持锻炼一段时间，孩子说话时的紧张心理就能得到缓解，孩子的表达能力也能获得提高。

一天中午，10 岁的华强放学回来吃午饭。他兴致勃勃地推开门，看见家里有几个叔叔阿姨后，立刻有点羞怯，礼貌性地问声好之后便来到厨房，笑着对妈妈说："今天老师让我们分组开展'结对子'帮扶活动……"这时妈妈很巧妙地打断了他，说："儿子，妈妈现在忙着做饭，你待会儿在大家面前讲，好不好？既让妈妈听到，也让叔叔阿姨听到，让大家知道你是怎么帮助别的小朋友。"

吃饭的时候，妈妈告诉客人们："我儿子想给大家讲一个故事，大家赏不赏脸呢？"就这样，华强被推到了众人面前。开始的时候，他有点不好意思。妈妈告诉他："叔叔阿姨都是单位的同事，和妈妈关系很好，不用紧张。"听了这话，华强放松了很多，他绘声绘色地说："老师给我们布置了任务，要求帮助小组内学习困难的同学，和她们共同进步……"

大家看着这个小家伙讲得非常流利，都夸他是个聪明的孩子。有了这次成功的当众发言经历，以后华强当众说话的胆量更大了，而且讲得越来越好。

很多妈妈都是大忙人，忙着做饭、做家务，还要上班，根本没有时间听孩子"瞎扯"，更没有主动让孩子当众讲话的意识。当她们发现当众说话紧张结巴时，她们认为孩子年纪小，胆子小，所以不爱说话，等长大了就会改变的。这种想法导致妈妈们忽视了对孩子口才的培养。其实，如果妈妈主动创造机会，让孩子当众讲话，孩子不健谈的毛病很容易改正。

为什么呢？因为当众讲话要面对很多人，而且有可能是陌生人，孩子可能很不适应。也正是因为这样，才有必要锻炼孩子当众讲话的能力。比如，每天晚餐的时候，全家人围坐在一起，让孩子在饭桌上讲述当天发生的事情。这就给孩子提供了当众讲话的机会。另外，妈妈还可以让孩子把小伙伴邀请到家里，让孩子在群体中锻炼表达能力。

教子良方

第 1 招：与家人一起做孩子的听众

孩子上学回来，妈妈可以多问问孩子在学校都做了什么，学到什么，有哪些收获，让孩子自己表达，试着讲出来，而妈妈应与家人一起做孩子的听众，不要轻易打断孩子的话。用眼神告诉他，我们在认真听，鼓励他连贯地讲下去。将家长作为听众，孩子会很自然地讲话，即使是对别人讲，也会很从容的。

第 2 招：在游戏中让孩子当众发言

人与生俱来的一个特质是“好为人师”。尤其是男孩子，只要是发现自己的行为被别人承认和接纳，他都会表现出对自己这一行为的高度热情。比如妈妈与孩子玩“老师学生”的游戏，妈妈来当学生，让孩子当老师。在他讲课的时候认真听，最好不时地请教“老师”一些问题，让孩子大胆流畅地讲解。这个游戏也要多找一些小朋友来玩。

第 3 招：在客人面前给孩子发言的机会

大人在探讨一些问题时，可以认真地问孩子的看法。比如，当妈妈与客人在探讨一个新买的茶壶时，妈妈要问问孩子：“你觉得这个茶壶怎么样，放在哪里合适呢?”在客人面前，孩子觉得受到了重视，为了“表现”自己，可能就打开话匣子了。

礼貌用语是沟通的桥梁

礼貌是拉近自己和他人的一座桥梁，说话礼貌的人容易让别人接受，成为一个受欢迎的人。为了孩子今后的幸福，教育孩子成为有教养、说话礼貌的人是十分重要的。

现在的孩子基本上是独生子女，在日常行为中，许多妈妈有这样的困扰，孩子不大懂得礼貌，甚至有些唯我独尊。

宁宁的妈妈正在跟亲戚闲谈，7 岁的宁宁走过来拉她的胳膊，说他要喝苹果汁，而且是马上。妈妈说："乖宝贝，稍等一会儿，我就给你去拿。"然后又回过身来说话，宁宁突然大叫道："妈妈，你给我闭嘴！"

儿子这样的对待，使妈妈感到羞辱。但是使她真正感到悲伤的是，宁宁这样对她不是一次两次了。平常在家就经常用这种粗鲁的态度对妈妈说话。

奇奇的妈妈也在为孩子的没礼貌困扰着：

周末，客人来家里玩，妈妈对奇奇说："奇奇，快叫叔叔阿姨好。"奇奇漠然地看了客人一眼，扭头就回房间，留下尴尬的妈妈和客人。家里来了客人，孩子连声招呼都不打，这么没有礼貌，让妈妈觉得脸上无光。

要让孩子懂礼貌，最开始便是让孩子学会文明用语。"谢谢，请"等字眼虽然都很简单，但要让孩子养成习惯并主动说出，就不是件容易的事了。如果孩子主动使用文明用语，做妈妈的要及时给予表扬，让他知道懂礼貌的孩子人人都喜爱。

小翔的妈妈在打扫卫生，小翔有些无聊，就大声喊妈妈给他开电脑看《猫和老鼠》！可是，妈妈没有按他的要求做，对他说："你语气不好，这样对人是不礼貌的，应该用'请，谢谢'等字眼！"小翔很不耐烦，因为平时他都是这么要求奶奶做事的。小翔不服气，没有再要求，他自己去看电视了。

可是，电视也没有小朋友看的节目，磨蹭来磨蹭去，小翔只好妥协了，走到妈妈跟前，和妈妈说："妈妈，请你帮我把电脑打开，我要看，好吗？谢谢你！"妈妈听了很高兴，立刻答应了，还表扬他是个懂礼貌的乖孩子。另外，妈妈还给了小翔一个惊喜，给他吃了他最爱的果冻！小翔开心极了，从此，他就把礼貌用语挂嘴边上了。

每一个家长都希望自己的孩子能知礼节、懂礼仪。懂礼貌的孩子惹人喜爱，让男孩学会礼貌用语是妈妈的一个很重要的任务。

在日常生活中，无论是探亲访友，还是在家中款待，这都能让孩子学习文明用语，提高交往能力。当然，有礼貌，不仅表现在对人，对长辈，也表现在遵守各种社会公德，比如在公共场合，也要守秩序，说文明用语。

教子良方

第 1 招：不要粗鲁地对孩子说话

妈妈在要求孩子懂礼貌时，不能用粗鲁的方式对待。一旦男孩认为自己是无礼的，那么他们就会一直以这种形象生活下去，那么行为粗鲁也是很自然的事情了。妈妈这么说可能会好一点："等一会好吗，我希望能把话讲完。"

第 2 招：跟孩子一起来招待客人

如果有客人来访，让男孩以小主人的身份招待客人，那他会付出极大的热情。告诉他，见了客人应面带微笑，起立主动问好，对客人的提问要回答等。让他们为客人做一些如拿拖鞋、找杯子、端茶、送水等力所能及的事。客人临走要说："您慢走，希望下次再来。"等礼貌用语。

第 3 招：跟孩子说文明用语

妈妈是孩子的榜样，在妈妈的熏陶下，孩子很容易学会你的语言行为。比如妈妈要孩子帮你拿鞋子时，可以说：“帮妈妈拿一下鞋子好吗？”当孩子把鞋递过来时，对他说：“好，谢谢！”耳濡目染，孩子也会慢慢懂得使用文明用语的。

第 4 招：妈妈要多提醒孩子

当妈妈与孩子一起走路，碰到熟人时，可以提醒他：“你看，那是谁？”孩子可能就会主动打呼唤：“是刘叔叔！”妈妈应该让孩子先打招呼，给他充裕的时间。而不是大人一见面就忘掉了孩子，或者在与人寒暄了一阵后说“怎么也不打招呼呢”，这样会挫败孩子说话的积极性。

小绅士的教养不可丢

懂礼貌是一个人素养的自然表现，也是人际交往中应共同遵守的规则。成功的教育不仅是要培养一个聪明的孩子，也要培养一个文明礼貌的孩子。

讲文明、懂礼貌和善待人是我们中华民族的传统美德。礼貌是谦虚恭敬的语言和动作，它是一个人素养的自然表现，也是人际交往应共同遵守的规则。不学会以礼待人，就无法立身做人，可见礼貌的重要性。

俗话说：“3 岁看小，7 岁看老。”礼貌对一个孩子的成长是非常重要的，一个有礼貌的孩子才会有一个正直、谦虚的胸襟，才会得到他人的尊重和喜爱。在生活中，有好多孩子在家人的娇生惯养下，没有养成良好的礼仪习惯。这样的孩子，很不招人喜欢。

一天，琪琪早早就去了学校。到了学校后，他发现语文课本忘记带了，于是就打电话回家让妈妈给他送过来。妈妈接到电话后，拿了语文课本，马上就骑着自行车往琪琪的学校去了。琪琪的妈妈这几天都在生着病呢，可妈妈顾不了那么多，儿子上课要紧，什么感冒不感冒的，管不了了。半小时过去了，妈妈终于到了琪琪的学校，气喘吁吁地把本子交给了琪琪。这时候，琪琪不但没有跟妈妈说声“谢谢”，反而还大声对妈妈说：“你怎么这么久才送到?”老师听到了就批评琪琪说：“琪琪，你怎么可以这么大声对妈妈说话呀，你应该谢谢妈妈!”可琪琪还是一声不吭。

还有一次，妈妈带琪琪去参加一次非常正式的晚宴，却发现他站没站相、坐没坐相。别人还没入席，他先一屁股坐到正中位，旁若无人地吆喝服务生要可乐，菜一上桌就伸筷子去夹。等到上龙虾这道菜时，因为是琪琪最爱吃的，他居然将整盘端到自己面前，就像在家里一样。虽然大家都说“没关系，没关系”，但琪琪的妈妈还是看到了别人鄙夷的目光，真是如坐针毡。

让孩子做一个文明的“绅士”，不但是社会的需要，也是生活的需要。像琪琪这样骄纵的脾气往往是大人宠溺的结果。懂礼貌是一个人素养的自然表现，也是人际交往应共同遵守的规则。成功的教育不仅是要培养一个聪明的孩子，更要培养一个文明礼貌的孩子。所以，妈妈在孩子小的时候就应该教孩子如何懂得礼节。

教子良方

第 1 招：多多反省自己的言行

孩子是否讲礼貌，大多来自妈妈平时的言传身教，因为孩子最早是从妈妈身上学习文明礼貌的。妈妈品德的好坏、言行举止是否得体，直接影响着孩子良好行为品德的形成。一位好妈妈是一所优秀的学校，是孩子的精神财富。要培养一个讲文明、懂礼貌，品格健全的好孩子，还需要做妈妈的多反省自己的言行。

第 2 招：从小培养孩子有礼貌的言行

礼貌对一个孩子的成长是非常重要的，应从小培养孩子讲文明、懂礼貌、守纪律、助人为乐等良好的生活习惯和道德意识。

“请”“谢谢你”“对不起”等有礼貌用语，通过不断教育，反复地练习和巩固，就能使有礼貌的言行成为孩子的自觉行为。

另外，对于孩子的礼貌行为及时给予赞许和夸奖，让孩子养成懂礼貌的好习惯。如果他为大人做了事，比如拿双拖鞋、倒杯水，家长应该及时对他表示感谢并夸奖他：“谢谢！真懂事。”或许孩子在做这些事情的时候，并没多大感觉。但是，大人的赞赏会诱导他从无意识到有意识地注意礼貌。

只要妈妈认真负起责任，通过各种途径培养孩子的礼貌行为，就能使我们的下一代都成为懂礼貌、讲文明的新人。

第 3 招：文明礼貌的教养不可丢

每一位妈妈都要把文明礼貌教育作为孩子品德教育的重要内容，重视它、搞好它。这既是妈妈的责任，也是妈妈对社会必须承担的一种义务。

鼓励男孩把握课堂发言机会

在课堂发言是锻炼孩子口才的好机会，因为这样既能考验孩子的心理素质，又能锻炼孩子的表达能力。心理素质和表达能力是孩子正确面对课堂发言必不可少的两个因素。

在课堂上发言，万一答错了该多丢人啊！很多孩子因为存在这种心理，导致他们在发言的时候过于在乎众人对他们的看法和评价。一旦有人发笑，他们会更加紧张。为了避免这种紧张，很多男孩在课堂上干脆不发言。

一位母亲从儿子的班主任那里得知，他的儿子较为腼腆，平时说话不多，课堂上从来不举手发言。有时候老师叫他起来发言，他基本上都能答对，只是发言的时候很紧张，语言不精练，逻辑不清。老师能明白他的意思，但是同学们却理解不了。

得知这一情况后，这位母亲颇为担心，她觉得如果儿子继续这么腼腆沉默下去，表达能力得不到提高，将来与人沟通可能出现问题。于是，她跟儿子交谈了几次，鼓励儿子在课堂上积极发言："在课堂上发言，很多人都会紧张，因此你感到紧张也是正常的，不必太在意。你只要把自己想说的话说出来，就算成功了。"

在妈妈的引导下，儿子在课堂上发言时少了一些忧虑，他只管回答问题，而没有在乎别人怎么看他。这样一来，他就不那么紧张了。心情一旦放松下来，思路也就更加开阔了，回答的问题也就更加全面了。渐渐地，儿子越来越喜欢在课堂上回答问题，他的胆量得到了锻炼，他的当众表达能力也得到了提升。

上学的第一天，父母和老师就告诉孩子："上课要认真听讲，积极发言。"可是，很多男孩因为羞涩，没有勇气主动举手发言，反而把课堂发言当作一门苦差事，唯恐避之不及。当不幸被老师点名发言时，也只好硬着头皮说。在他们看来，在课堂上回答错误，是很没面子的事情。

其实，男孩不敢主动发言，与男孩的心理素质有关，还与孩子的自信心有关。有些问题的答案孩子都知道，但是他们又不太肯定自己的答案是对的，为了避免答错了，他们干脆不起来回答。这就是自信心不足的表现。对此，妈妈不妨告诉男孩，站起来发言，即使答错了，对自己也有好处。因为当众发言，答错了会给自己留下深刻的印象，便于积极改正错误。

有些孩子想回答问题，因此积极举手，但举手并不一定就能被老师叫起来回答问题，因为举手的同学很多。这时孩子可能不高兴，心想我举手了老师也不叫我回答，我以后再也不举手了。对此，妈妈要教孩子不要放在心上，要学会理解老师。

教子良方

第 1 招：教孩子有了答案就举手

妈妈可以告诉男孩："在课堂上，当老师提出一个问题时，如果你心中有了答案，就可以把手举起来。如果老师让你回答，你就把自己心里的答案说出来。无论答对与答错，你的表现都值得肯定。因为如果你答错了，老师会当场讲解，给你留下深刻的印象。如果你答对了，那你的自信会进一步增强。"

第 2 招：回答错了是幸运的事情

很多孩子被老师点名发言，当回答错误时他们感到很沮丧，尤其是当其他同学笑话他时，他更觉得没面子。这时，妈妈要告诉孩子："这种想法是没有必要的，因为你的错可能是大家普遍的错，别人没有站起来回答，并不代表他们都知道正确答案。你答错了，老师讲解的时候才会听得更加认真，以后遇到类似的题目时，才不容易犯同样的错。"

第 3 招：让孩子知道发言可以锻炼口才

有些孩子心里知道答案，但却表达不出来。如果不练习表达能力，那么将来这个问题会越来越严重。因此，妈妈要让男孩认识到发言的重要性，课堂发言，在那种略带紧张的氛围下，如果能做到镇静地表达自己的观点，那么对培养口才是很有帮助的。

第 4 招：主动发言可帮自己巩固知识

举手发言能促使孩子用语言表达自己的理解，有助于孩子记忆知识点，还能促使孩子不断思考。因此，举手发言对孩子锻炼口才、学习知识非常有帮助。

有幽默感的男孩最讨人喜欢

充满幽默感的语言和事物能让孩子的眼睛亮起来，无形中也刺激了孩子的思维和语言能力。幽默的孩子往往比较快活、聪明，能够轻松地完成学业，甚至拥有一个乐天、愉悦的人生。

在人际交往中，说话幽默的人经常能制造快乐，比较受人欢迎。如果妈妈让男孩子成为这样的人，那么孩子的将会给你带来许多欢声笑语，结交更多的好朋友。对于男孩来说，教会了他们幽默口才，就等于教会了他们快乐面对挫折的本领，让他们拥有了一种与人打交道的优势。

一天早上，妈妈和儿子一边吃早餐，一边聊天。当妈妈提到儿子在二年级时，曾因长时间迷上玩电子游戏，视力一度降到 4.8 时，儿子假装气愤地说：“我想起那件事就难过，那时候我真该把电脑给砸了！”妈妈饶有兴趣地问：“你用什么砸啊？”儿子认真地说：“用你最爱吃的面包砸。”妈妈刚好把一勺玉米浓汤送进嘴里，结果喷得满桌子都是。

幽默感是一种生活态度，需要从小就对孩子训练，目的是让孩子把幽默当成一种习惯，并内化成自身的气质。培养孩子的幽默感，家长首先要让自己变得幽默，因为父母是孩子的老师，父母的幽默感能对孩子产生潜移默化的影响，使孩子变得也很有幽默感。

俄国文学家契诃夫曾经说过：“不懂得开玩笑的人，是没有希望的人。”在现实生活中，妈妈和孩子适当开些玩笑，可以减少消极情绪，消除不良心理，缓解紧张的气氛，是让孩子保持快乐的好办法。如果你的孩子口才不错，再加上具有幽默感，那么他的口才将会变得更加出色。

谈到幽默，有些妈妈可能会误以为孩子会说调皮话，会说笑话，这就是幽默。虽然这与幽默感有关，但这并不是真正的幽默。所谓幽默感，是通过语言或肢体语言的表达方式，让别人和自己感到愉快的语言和举止。它是情商的重要组成部分，在人际交往中具有融洽关系、化解矛盾的作用。

在美国，人们不仅把幽默看做一种可爱的性格，而且将其视为可贵的品质。他们从小就对孩子进行独特的幽默感训练，比如，父母逗小婴儿呵呵地笑个不停；在孩子一两岁的时候，妈妈和孩子玩躲猫猫的游戏，也能逗得孩子呵呵笑个不停。那么，妈妈们该如何培养孩子的幽默感呢？

教子良方

第1招：培养孩子的语言能力和想象力

想象力欠缺，脑中储存的语汇匮乏，在语言表达的时候就会出现困难。所以，从小培养孩子的想象力和表达能力，有助于孩子更好地表达幽默的事物。妈妈可以引导孩子多看一些漫画，背诵儿歌、古诗，给孩子讲一些有益心智的故事，充分挖掘故事中的幽默因子。

第 2 招：培养孩子愉悦和宽容的心态

幽默的产生基于快乐的心情、宽容的心态，在培养孩子幽默感的时候，妈妈要教孩子与人愉快相处，宽容待人。在面对矛盾的时候，不要争吵，不妨用幽默的故事缓解气氛，然后平等协商，这样更有利于处理矛盾。

第 3 招：营造快乐的气氛

当小男孩哭闹时，妈妈有必要营造一种快乐的气氛，抱抱他、拍拍他、安抚他："怎么了，你为什么哭得像个小花猫呢？妈妈可以帮你吗？"这种饱含真情的幽默安慰，能帮助孩子破涕为笑。当孩子讲出一些好笑的故事时，或表现出有趣的动作时，别忘了给孩子一些掌声和鼓励，激励孩子继续发扬这种风格。

教会男孩说"不"

面对小朋友的请求，拒绝的话怎么说出口，是困扰孩子的一个问题。直接说"不"，怕小朋友不跟他玩；不拒绝，自己心里又不舒坦。作为妈妈，有必要教孩子学会说"不"的技巧。

妈妈们可能有这样的体会，有时候明明应该说"不"，但因为种种原因，怕别人下不了台，或者怕别人心里不舒服，就硬着头皮答应下来，结果麻烦了自己，搞得自己不快乐。其实说"不"是正常的，也是很有必要的。

奶奶非常宠爱小军，中秋节快到了，家里有很多月饼。一天小军放学回来，刚把书包放下，奶奶就递给他一块月饼，小军高兴地吃了起来。不到一分钟，小军就把月饼吃完了。奶奶见小军那么爱吃月饼，又给他递过来一块，小军意犹未尽地吃起来。吃完后，奶奶又给小军递过来一块，小军犹豫了一下，还是接了过来。虽然他努力地吃，可还是吃不完。结果，奶奶批评小军浪费，小军委屈极了……

在奶奶递给小军第三块月饼的时候，小军应该拒绝的，但他并没有这么做，只是犹豫了一下，勉强接受，结果却因为没吃完，被奶奶批评。作为妈妈，有必要教孩子拒绝，面对自己无能为力的事情，面对不合适答应的事情，应该大胆地说“不”。

可可很喜欢过山车的玩具模型，田田找他借，他抱着车逃避田田的追赶，结果谁都玩不了过山车。可可的妈妈见状，就对他说：“和伙伴们分享玩具，一起感受快乐是好孩子应该做的。不过，如果你不想借给别人玩，也没什么不对，但你要学会拒绝，而不要这样逃避。”然后，她教可可怎么拒绝。

几天之后，田田又找可可借玩具。可可这次没有逃，他对田田说：“来，咱们先比比个儿吧。我比你高好多，你太小了，还玩不了这么大的车，等你长大了我再教你玩，好吗？”田田答应了。

孩子是单纯、善良的，虽然他们说话直接，但是当他们直接拒绝了朋友，导致朋友不高兴时，他们也会感到不开心。因此，妈妈要教孩子学会拒绝，要让孩子懂得怎样拒绝别人，才不会导致别人不开心。

妈妈可以告诉孩子：“如果你找别人借东西，别人怎样拒绝你，你不会生气?”通过这样的换位思考，让孩子学会体察别人的感受，这样孩子拒绝别人的时候，才不会置别人的感受于不顾。

当有人向你的孩子求助时，你要告诉他：“无视别人的求助，是自私的；但无原则的慷慨，也是不好的。只有学会适当拒绝，才能与人愉快地交往。”在拒绝他人的时候，要让孩子将理由解释给别人，必要的时候可以撒个善意的谎言，目的不是欺骗别人，而是为了不伤害别人。

教子良方

第 1 招：拒绝之前务必耐心倾听

妈妈要告诉男孩：拒绝的话最忌脱口而出。在他人刚开口提出请求时，就直接拒绝，会让人很没面子，也很容易影响人际关系。不管对方提出怎样的请求，都应该耐心地听他把话讲完。这既是尊重对方的表现，也能给自己时间思考怎么拒绝。因此，耐心倾听很有必要。倾听之后再拒绝，能让对方知道你的拒绝是经过深思熟虑才做出决定的。

第 2 招：教孩子以委婉地拒绝别人

拒绝别人最忌太直白。比如，有的孩子拒绝别人的时候会说：“不行，不行就是不行。”这样的话让谁听了都不舒服。妈妈要教孩子温婉拒绝，才能避免伤人。除此之外，说话的时候，要看着对方，自然地表达。语气既不能太强硬，也不能流露出太多的歉意。前者让人觉得很没人情味，后者让人觉得虚伪。

第 3 招：拒绝不简单，是有技巧的

拒绝不是简单地说“不”，拒绝是需要技巧的，这对孩子的口才是一个很好的锻炼。妈妈要告诉孩子，拒绝别人的时候要尽量采用温和、温婉的语气，照顾别人的面子，这样可以避免因为拒绝影响人际关系。